BERTRAND ET RATON,

OU

L'ART DE CONSPIRER,

COMÉDIE EN CINQ ACTES ET EN PROSE,

PAR

M. EUGÈNE SCRIBE;

Représentée, pour la première fois, sur le Théâtre Français, le 14 novembre 1833.

DISTRIBUTION DE LA PIÈCE :

MARIE-JULIE, reine douairière, belle-mère de Christian VII, roi de Danemarck................... Mlle BROCARD.
LE COMTE BERTRAND DE RANTZAU, membre du conseil sous Struensée, premier ministre.............. M. SAMSON.
FALKENSKIELD, ministre de la guerre, membre du conseil sous Struensée............................ M. CHARLES MAGNIN.
FRÉDÉRIC DE GOELHER, neveu du ministre de la marine.. M. FIRMIN.
CHRISTINE, fille de Falkenskield.................. Mlle ALEX. NOBLET.
KOLLER, colonel.................................. M. GEFROY.
RATON BURKENSTAFF, marchand de soieries......... M. DUPARAI.
MARTHE, sa femme................................ Mlle ROSE DUPUIS.
ÉRIC, son fils.................................... M. DAVID.
JEAN, son garçon de boutique...................... M. REGNIER.
JOSEPH, domestique de Falkenskield................ M. ARSÈNE.
UN SEIGNEUR DE LA COUR.......................... M. MATHIEU.
LE PRÉSIDENT DE LA COUR SUPRÊME................. M. ALBERT.

La scène se passe à Copenhague, en janvier 1772.

ACTE PREMIER.

Une salle du palais du roi Christian, à Copenhague. — A gauche, les appartements du roi; à droite, ceux de Struensée.

SCÈNE I.

KOLLER, assis à droite ; du même côté, DES GRANDS DU ROYAUME, DES MILITAIRES, DES EMPLOYÉS DU PALAIS, DES SOLLICITEURS, avec des pétitions à la main, attendant le réveil de Struensée*.

KOLLER, regardant à gauche.

Quelle solitude dans les appartements du roi ! (Regardant à droite.) Et quelle foule à la porte du favori !... En vérité, si j'étais poète satirique, ce serait une belle place que la mienne ! capitaine des gardes dans un palais où un médecin est premier ministre, où une femme est roi, et où le roi n'est rien ! Mais patience !... (Prenant un journal qui est sur la table à côté de lui.) Quoi qu'en dise la Gazette de la cour, qui trouve cette combinaison admirable... (Lisant bas.) Ah ! ah ! encore un nouvel édit... (Lisant,) « Copenhague, 14 janvier 1772. Nous « Christian VII, par la grâce de Dieu roi de Dane- « marck et de Norwège, avons confié par les « présentes à son excellence le comte Struen- « sée, premier ministre et président du con- « seil, le sceau de l'état, ordonnant que tous « les actes émanés de lui soient valables et

---

* On a observé, dans l'impression, l'ordre des places des personnages, en commençant par la gauche des spectateurs (ce qui est la droite des acteurs). Les changements de place qui ont lieu dans le cours des scènes sont indiqués par des renvois au bas des pages.

« exécutoires dans tout le royaume sur sa seule
« signature, même quand la nôtre ne s'y
« trouverait pas! » Je conçois alors les nouveaux hommages qui ce matin entourent le favori, le voilà roi de Danemarck; l'autre a tout-à-fait abdiqué; car, non content d'enlever à son souverain son autorité, son pouvoir, sa couronne, Struensée ose encore... Allons, l'usurpation est complète. (Entre Berghen.) Ah! c'est vous, mon cher Berghen.

BERGHEN.

Oui, colonel. Vous voyez quelle foule dans l'antichambre!

KOLLER.

Ils attendent le réveil du maitre.

BERGHEN.

Qui du matin jusqu'au soir est accablé de visites.

KOLLER.

C'est trop juste! il en a tant fait autrefois, quand il était médecin, qu'il faut bien qu'on lui en rende à présent qu'il est ministre. Vous avez lu la Gazette de ce matin?

BERGHEN.

Ne m'en parlez pas. Tout le monde en est révolté; c'est une horreur, une infamie.

UN HUISSIER, sortant de l'appartement à droite.

Son excellence le comte Struensée est visible.

BERGHEN, à Koller.

Pardon!

(Il s'élance vivement avec la foule et entre dans l'appartement à droite.)

KOLLER.

Et lui aussi! il va solliciter! Voilà les gens qui obtiennent toutes les places, tandis que nous autres nous avons beau nous mettre sur les rangs... aussi, morbleu! plutôt mourir que de rien leur devoir! je suis trop fier pour cela. On m'a refusé quatre fois, à moi, le colonel Koller, ce grade de général que je mérite, je puis le dire, car voilà dix ans que je le demande; mais ils s'en repentiront, ils apprendront à me connaître, et ces services qu'ils n'ont pas voulu acheter, je les vendrai à d'autres. (Regardant au fond du théâtre.) C'est la reine-mère, Marie-Julie; reine douairière, à son âge! c'est de bonne heure, c'est terrible, et plus que moi encore elle a raison de leur en vouloir.

SCÈNE II.

LA REINE, KOLLER.

LA REINE.

Ah! c'est vous, Koller.

(Elle regarde autour d'elle avec inquiétude.)

KOLLER.

Ne craignez rien, madame, nous sommes seuls; ils sont tous en ce moment aux pieds de Struensée ou de la reine Mathilde... Avez-vous parlé au roi!

LA REINE.

Hier, comme nous en étions convenus; je l'ai trouvé seul, dans un appartement retiré, triste et pensif; une grosse larme coulait de ses yeux: il caressait cet énorme chien son fidèle compagnon, le seul de ses serviteurs qui ne l'ait pas abandonné!—Mon fils, lui ai-je dit, me reconnaissez-vous?—Oui, m'a-t-il répondu, vous êtes ma belle-mère... non, non, a-t-il ajouté vivement, mon amie, ma véritable amie; car vous me plaignez! vous venez me voir, vous!... Et il m'a tendu la main avec reconnaissance.

KOLLER.

Il n'est donc pas, comme on le dit, privé de la raison?

LA REINE.

Non, mais vieux avant l'âge, usé par les excès de tout genre; toutes ses facultés semblent anéanties; sa tête est trop faible pour supporter ou le moindre travail ou la moindre discussion; il parle avec peine, avec effort; mais en vous écoutant, ses yeux s'animent et brillent encore d'une expression singulière; en ce moment ses traits ne respiraient que la souffrance et il me dit avec un sourire douloureux: Vous le voyez, mon amie, ils m'abandonnent tous... et Mathilde que j'aimais tant, Mathilde, ma femme, où est-elle?

KOLLER.

Il fallait profiter de l'occasion, lui faire connaître la vérité.

LA REINE.

C'est ce que j'ai fait avec ménagement, avec adresse; lui rappelant successivement le temps de son voyage en Angleterre et en France, à la cour de Georges et de Louis XV, lorsque Struensée, l'accompagnant comme médecin, gagna d'abord sa confiance et son amitié; puis je le lui ai montré plus tard, à son retour en Danemarck, présenté par lui à la jeune reine, et, pendant la longue maladie de son fils, admis dans son intimité, la voyant à toute heure. Je lui ai peint une princesse de dix-huit ans, écoutant sans défiance les discours d'un homme jeune, beau, aimable, ambitieux; ne prenant bientôt que lui pour guide et pour conseil; se jetant par ses avis dans le parti qui demandait la réforme, et plaçant enfin à la tête du ministère ce même Struensée, parvenu audacieux, favori insolent, qui par les bontés de son roi et de sa souveraine élevé successivement au rang de gouverneur du prince royal, de conseiller, de comte, de premier ministre enfin, osait maintenant, parjure à la reconnaissance et à l'honneur, oublier ce qu'il devait à son bienfaiteur et à son roi, et ne craignait pas d'outrager la majesté du trône!... A ce mot, un éclair d'indignation a brillé dans les yeux du monarque déchu, sa figure pâle et souffrante s'est animée d'une su-

ACTE I, SCÈNE II.

bite rougeur ; puis, avec une force dont je ne l'aurais pas cru capable, il a appelé, il s'est écrié : La reine!... la reine! qu'elle vienne! je veux lui parler!

KOLLER.
O ciel!

LA REINE.
Quelques instants après, a paru Mathilde, avec cet air que vous lui connaissez... cet air d'amazone... la tête haute, le regard superbe, et laissant tomber sur moi un sourire de triomphe et de dédain. Je suis sortie et j'ignore quelles armes elle a employées pour sa défense; mais ce matin elle et Struensée sont plus puissants que jamais ; et cet édit qu'elle a arraché au faible monarque, cet édit que publie aujourd'hui la Gazette royale, donne au premier ministre, à notre ennemi mortel, toutes les prérogatives de la royauté...

KOLLER.
Pouvoir dont Mathilde va se servir contre vous, et je ne doute pas que dans sa vengeance...

LA REINE.
Il faut donc la prévenir. Il faut, aujourd'hui même... (S'arrêtant.) Qui vient là?

KOLLER, regardant au fond.
Des amis de Struensée ! le neveu du ministre de la marine, Frédéric de Gœlher... puis M. de Falkenskield, le ministre de la guerre; sa fille est avec lui!

LA REINE.
Une demoiselle d'honneur de la reine Mathilde... Silence devant elle!

SCÈNE III.
GŒLHER, CHRISTINE, FALKENSKIELD, LA REINE, KOLLER.

GŒLHER, entrant en donnant la main à Christine.
Oui, mademoiselle, je dois accompagner la reine dans sa promenade ; une cavalcade magnifique! et si vous voyiez comme sa majesté se tient à cheval... c'est une princesse bien remarquable... ce n'est pas une femme!...

LA REINE, à Koller.
C'est un colonel de chevau-légers.

CHRISTINE, à Falkenskield.
La reine-mère! (Elle salue ainsi que son père et Gœlher.) Je me rendais chez vous, madame.

LA REINE, avec étonnement.
Chez moi!

CHRISTINE.
J'avais auprès de votre majesté une mission...

LA REINE.
Dont vous pouvez vous acquitter ici.

FALKENSKIELD.
Je vous laisse, ma fille; j'entre chez le comte de Struensée... chez le premier ministre.

GŒLHER.
Je vous suis ; je vais lui présenter mes hommages et ceux de mon oncle, qui est ce matin légèrement indisposé.

FALKENSKIELD.
Vraiment!

GŒLHER.
Oui ; hier soir il avait accompagné la reine Mathilde sur son yacht royal... et la mer lui a fait mal.

LA REINE.
A un ministre de la marine!

GŒLHER.
Ce ne sera rien.

FALKENSKIELD, apercevant Koller.
Ah! bonjour, colonel Koller; vous savez que je me suis occupé de votre demande.

LA REINE, bas à Koller.
Vous leur demandiez...

KOLLER, de même.
Pour éloigner leurs soupçons.

FALKENSKIELD.
Il n'y a pas moyen dans ce moment; la reine Mathilde nous avait recommandé un jeune officier de dragons...

GŒLHER.
Charmant cavalier, qui au dernier bal a dansé la hongroise d'une manière ravissante.

FALKENSKIELD.
Mais plus tard nous verrons; il est à croire que vous serez de la première promotion de généraux, en continuant à nous servir avec le même zèle.

LA REINE.
Et en apprenant à danser!

FALKENSKIELD, souriant.
Sa majesté est ce matin d'une humeur charmante!... elle partage, je le vois, la satisfaction que nous donne à tous la nouvelle faveur de Struensée... J'ai l'honneur de lui présenter mes respects.

(Il entre à droite avec Gœlher.)

SCÈNE IV.
CHRISTINE, LA REINE, KOLLER.

LA REINE, à qui Koller a approché un fauteuil à droite.
Eh bien! mademoiselle, parlez... Vous veniez...

CHRISTINE.
De la part de la reine...

LA REINE.
De Mathilde!... (Se tournant vers Koller.) Qui déjà, sans doute, dans sa vengeance...

CHRISTINE.
Vous invite à vouloir bien honorer de votre présence le bal qu'elle donne demain soir en son palais...

LA REINE, étonnée.
Moi!... (Cherchant à se remettre.) Ah!... il y a demain à la cour... un bal...

CHRISTINE.
Qui sera magnifique.

LA REINE.
Sans doute pour célébrer aussi son nouveau triomphe... Et elle m'invite à y assister!

CHRISTINE.
Que répondrai-je, madame?

LA REINE.
Que je refuse!

CHRISTINE.
Et pour quelles raisons?

LA REINE, se levant.
Eh! mais, ai-je besoin de vous les dire? Quiconque se respecte et n'a pas encore renoncé à sa propre estime peut-il approuver par sa présence le scandale de ces fêtes, l'oubli de tous les devoirs, le mépris de toutes les bienséances?... Ma place n'est pas où président Mathilde et Struensée, ni la vôtre non plus, mademoiselle, et vous en seriez aperçue déjà, si, en vous laissant, dans l'intérêt de son ambition, comme demoiselle d'honneur dans une pareille cour, M. de Falkenskield votre père ne vous avait ordonné sans doute de baisser les yeux et de ne rien voir!

CHRISTINE.
J'ignore, madame, qui peut motiver la sévérité et la rigueur dont paraît s'armer votre majesté... Je n'entrerai point dans une discussion à laquelle mon âge et ma position me rendent étrangère;... Soumise à mes devoirs, j'obéis à mon père, je respecte ma souveraine, je n'accuse personne; et si l'on m'accuse, je laisserai à ma seule conduite le soin de me défendre! (Faisant la révérence.) Pardon, madame.

LA REINE.
Eh quoi! me quitter déjà pour courir auprès de votre reine?

CHRISTINE.
Non, madame... mais d'autres soins...

LA REINE.
C'est juste... je l'oubliais; je sais qu'il y a aujourd'hui aussi une fête chez votre père; il y en a par-tout. Un grand dîner, je crois, où doivent assister tous les ministres?

CHRISTINE.
Oui, madame.

KOLLER.
Dîner politique!

LA REINE.
Qui a aussi un autre but; vos fiançailles...

CHRISTINE, troublée.
O ciel!

LA REINE.
Avec Frédéric de Gœlher que nous venons de voir, le neveu du ministre de la marine... Est-ce que vous l'ignoriez? Est-ce que je vous l'apprends?

CHRISTINE.
Oui, madame.

LA REINE.
J'en suis désolée... car cette nouvelle a vraiment l'air de vous contrarier.

CHRISTINE.
En aucune façon, madame; mon devoir et mon plus ardent désir seront toujours d'obéir à mon père.

(Elle fait la révérence et sort.)

SCÈNE V.
LA REINE, KOLLER.

LA REINE, la regardant sortir.
Vous l'avez entendue, Koller... ce soir à l'hôtel du comte de Falkenskield... Ce dîner où doivent se trouver réunis et Struensée et tous ses collègues, c'est ce que j'allais vous apprendre quand on est venu nous interrompre.

KOLLER.
Eh bien! qu'importe?

LA REINE, à demi-voix.
Ce qu'il importe!... C'est le ciel qui nous livre ainsi tous nos ennemis à-la-fois. Il faut nous en emparer ou nous en défaire!

KOLLER.
Que dites-vous?

LA REINE, de même.
Le régiment que vous commandez est cette semaine de garde au palais; et les soldats dont vous pouvez disposer suffisent pour une pareille expédition, qui ne demande que de la promptitude et de la hardiesse.

KOLLER.
Vous croyez...

LA REINE.
D'après ce que j'ai vu hier, le roi est trop faible pour prendre aucun parti, mais il approuvera tous ceux qu'on aura pris. Une fois Struensée renversé, les preuves ne manqueront pas contre lui et contre la reine. Mais renversons-le! ce qui est facile, si j'en crois cette liste que vous m'avez confiée et que je vous rends! C'est le seul moyen de ressaisir le pouvoir, d'arriver à la régence et de gouverner sous le nom de Christian VII.

KOLLER, prenant le papier.
Vous avez raison, un coup de main, c'est plus tôt fait; cela vaut mieux que toutes les menées diplomatiques, auxquelles je n'entends rien. Dès ce soir je vous livre les ministres morts ou vifs... Point de grâce; Struensée d'abord, Gœlher, Falkenskield et le comte Bertrand de Rantzau!...

LA REINE.
Non, non, je demande qu'on épargne celui-ci.

KOLLER.
Lui moins que tout autre, car je lui en veux personnellement; ses plaisanteries continuelles contre les militaires qui ne sont pas

soldats et qui gagnent leurs grades dans les bureaux, ces intrigants en épaulettes, comme il les appelle...

LA REINE.

Que vous importe?

KOLLER.

C'est moi qu'il désigne par là, je le sais, et je m'en vengerai.

LA REINE.

Pas maintenant!... Nous avons besoin de lui! il nous est nécessaire pour nous rallier le peuple et la cour. Son grand nom, sa fortune, ses talents personnels, peuvent seuls donner de la consistance à notre parti... qui n'en a pas; car tous les noms que vous m'avez donnés là sont sans influence au-dehors, et il ne suffit pas de renverser Struensée, il faut prendre sa place; il faut s'y maintenir surtout.

KOLLER.

Je le sais!... Mais chercher des alliés parmi nos ennemis...

LA REINE.

Rantzau ne l'est pas, j'en ai des preuves; il aurait pu me perdre, il ne l'a pas fait, et souvent même il m'a avertie indirectement des dangers auxquels mon imprudence allait m'exposer; enfin je suis certaine que Struensée, son collègue, le redoute et voudrait s'en défaire; que lui de son côté déteste Struensée, qu'il le verrait avec plaisir tomber du rang qu'il occupe; et de là à nous y aider... il n'y a qu'un pas.

KOLLER.

C'est possible; mais je ne peux pas souffrir ce Bertrand de Rantzau; c'est un malin petit vieillard qui n'est l'ennemi de personne, c'est vrai, mais il n'a d'ami que lui. S'il conspire, c'est à lui tout seul et à son bénéfice; en un mot, un conspirateur égoïste avec lequel il n'y a rien à gagner, et, partant, rien à faire.

LA REINE.

C'est ce qui vous trompe... (Regardant vers la coulisse à gauche.) Tenez, le voyez-vous dans cette galerie, causant avec le grand-chambellan? il se rend sans doute au conseil; laissez-nous; avant de l'attirer dans notre parti, avant de lui rien découvrir de nos projets, je veux savoir ce qu'il pense.

KOLLER.

Vous aurez de la peine!... En tout cas je vais toujours répandre dans la ville des gens dévoués qui prépareront l'opinion publique. Herman et Christian sont des conspirateurs secondaires qui s'y entendent à merveille; pour cela il ne s'agit que de les payer... Je l'ai fait, et maintenant à ce soir; comptez sur moi et sur le sabre de mes soldats... En fait de conspiration, c'est ce qu'il y a de plus positif.

(Il sort par le fond en saluant Rantzau qui entre par la gauche.)

SCÈNE VI.

LE COMTE DE RANTZAU, LA REINE.

LA REINE, à Rantzau qui la salue.

Et vous aussi, monsieur le comte, vous venez au palais présenter vos félicitations à votre très puissant et très heureux collègue...

RANTZAU.

Et qui vous dit, madame, que je n'y viens pas pour faire ma cour à votre majesté?

LA REINE.

C'est généreux... c'est digne de vous, du reste, au moment où plus que jamais je suis en disgrace... où je vais être exilée peut-être.

RANTZAU.

Croyez-vous qu'on l'oserait?

LA REINE.

Eh! mais, c'est à vous que je le demanderai; vous, Bertrand de Rantzau, ministre influent... vous, membre du conseil.

RANTZAU.

Moi! j'ignore ce qui s'y passe... je n'y vais jamais. Sans desirs, sans ambition, n'aspirant qu'à me retirer des affaires, que voulez-vous que j'y fasse? si ce n'est parfois y prendre la défense de quelques amis imprudents... ce qui pourrait bien m'arriver aujourd'hui.

LA REINE.

Vous qui prétendiez ne rien savoir... vous connaissez donc...

RANTZAU.

Ce qui s'est passé hier chez le roi... certainement; et convenez que c'était une singulière prétention à vous de vouloir absolument lui prouver... Mais en pareil cas un bourgeois lui-même, un bourgeois de Copenhague ne le croirait pas! et vous espériez le persuader à un front couronné!... Votre majesté devait avoir tort.

LA REINE.

Ainsi vous me blâmez d'être fidèle à Christian, à un roi malheureux!... Vous prétendez qu'on a tort quand on veut démasquer des traîtres!

RANTZAU.

Et qu'on n'y réussit pas... oui, madame.

LA REINE, avec mystère.

Et si je réussissais, pourrais-je compter sur votre aide, sur votre appui?

RANTZAU, souriant.

Mon appui! à moi... qui en pareil cas, au contraire, réclamerais le vôtre.

LA REINE, avec force.

Il vous serait assuré, je vous le jure... M'en jurerez-vous autant, je ne dis pas avant, mais après le danger?

RANTZAU.

Vraiment!... Il y en a donc?

LA REINE.
Puis-je me fier à vous?
RANTZAU.
Eh! mais... il me semble que je possède déjà quelques secrets qui auraient pu perdre votre majesté, et que jamais...
LA REINE, vivement.
Je le sais. (A demi-voix.) Vous avez ce soir chez le ministre de la guerre, le comte de Falkenskield, un grand dîner où assisteront tous vos collègues?...
RANTZAU.
Oui, madame, et demain un grand bal où ils assisteront également. C'est ainsi que nous traitons les affaires. Je ne sais pas si le conseil marche, mais il danse beaucoup.
LA REINE, avec mystère.
Eh bien! si vous m'en croyez, restez chez vous.
RANTZAU, la regardant avec finesse.
Ah! vous vous méfiez du dîner... il ne vaudra rien.
LA REINE.
Oui... que cela vous suffise.
RANTZAU, souriant.
Des demi-confidences! Prenez garde! je peux trahir quelquefois les secrets que je devine... jamais ceux que l'on me confie.
LA REINE.
Vous avez raison; j'aime mieux tout vous dire. Des soldats qui me sont dévoués cerneront l'hôtel de Falkenskield, s'empareront de toutes les issues...
RANTZAU, d'un air d'incrédulité.
D'eux-mêmes et sans chef?
LA REINE.
Koller les commande; Koller, qui ne reçoit d'ordres que de moi, se précipitera avec eux dans les rues de Copenhague en criant : Les traîtres ne sont plus! vive le roi! vive Marie-Julie! De là nous marchons au palais, où, si vous nous secondez, le roi et les grands du royaume se déclarent pour nous, me proclament régente; et dès demain c'est moi, ou plutôt c'est vous et Koller qui dicterez des lois au Danemarck...Voilà mon plan, mes desseins; vous les connaissez; voulez-vous les partager?
RANTZAU, froidement.
Non, madame; je veux même les ignorer entièrement, et je jure ici à votre majesté que, quoi qu'il arrive, les projets qu'elle vient de me confier mourront avec moi.
LA REINE.
Vous me refusez, vous, qui en secret aviez toujours pris ma défense, vous en qui j'espérais!...
RANTZAU.
Pour conspirer!...Votre majesté avait grand tort.
LA REINE.
Et pour quelles raisons?

RANTZAU, cherchant ses mots.
Tenez... à vous parler franchement...
LA REINE.
Vous allez me tromper.
RANTZAU, froidement.
Moi! dans quel but? depuis long-temps je suis revenu des conspirations, et voici pourquoi. J'ai remarqué que ceux qui s'y exposaient le plus étaient très rarement ceux qui en profitaient; ils travaillaient presque toujours pour d'autres qui venaient après eux récolter sans danger ce qu'ils avaient semé avec tant de périls. Une telle chance est bonne à courir pour des jeunes gens, des fous, des ambitieux qui ne raisonnent pas. Mais moi, je raisonne; j'ai soixante ans, j'ai quelque pouvoir, quelque richesse... et j'irais compromettre tout cela, risquer ma position, mon crédit!... Pourquoi, je vous le demande?
LA REINE.
Pour arriver au premier rang; pour voir à vos pieds un collègue, un rival, qui lui-même cherche à vous renverser...Oui... je sais, à n'en pouvoir douter, que Struensée et ses amis veulent vous écarter du ministère.
RANTZAU.
C'est ce que tout le monde dit, et je ne puis le croire. Struensée est mon protégé, ma créature, c'est par moi qu'il est arrivé aux affaires... (Souriant.) Il l'a quelquefois oublié, j'en conviens; mais dans sa position il est si difficile d'avoir de la mémoire!... A cela près, il faut le reconnaître, c'est un homme de talent, un homme supérieur, qui a pour le bonheur et la prospérité du royaume des vues dont on ne peut méconnaître la haute portée; c'est un homme enfin avec qui l'on peut s'honorer de partager le pouvoir... Mais un Koller, un soldat inconnu, dont l'épée sédentaire n'est jamais sortie du fourreau; un agent d'intrigues qui a vendu tous ceux qui l'ont acheté...
LA REINE.
Vous en voulez à Koller!
RANTZAU.
Moi!... je n'en veux à personne... mais je me dis souvent : Qu'un homme de cour, qu'un diplomate soit fin, adroit et même quelque chose de plus... c'est son état; mais qu'un militaire, qui, par le sien même, doit professer la loyauté et la franchise, troque son épée contre un poignard!... Un militaire qui trahit, un traître en uniforme... c'est la pire espèce de toutes! et dès aujourd'hui, peut-être, vous-même vous repentirez de vous être fiée à lui.
LA REINE.
Qu'importent les moyens, si l'on arrive au but?
RANTZAU.
Mais vous n'y arriverez pas! On ne verra là-dedans que les projets d'une vengeance ou d'une ambition particulière. Et qu'importe à

la multitude que vous vous vengiez de la reine Mathilde, votre rivale, et que par suite de cette discussion de famille, M. Koller obtiendra une belle place? qu'est-ce que c'est qu'une intrigue de cour, à laquelle le peuple ne prend point de part? Il faut, pour qu'un pareil mouvement soit durable, qu'il soit préparé ou fait par lui; et pour cela il faut que ses intérêts soient en jeu... qu'on le lui persuade du moins! Alors il se lèvera, alors vous n'aurez qu'à le laisser faire; il ira plus loin que vous ne voudrez. Mais quand on n'a pas pour soi l'opinion publique, c'est-à-dire la nation... on peut susciter des troubles, des complots, on peut faire des révoltes, mais non pas des révolutions!... c'est ce qui vous arrivera.

LA REINE.

Eh bien! quand il serait vrai... quand mon triomphe ne devrait durer qu'un jour, je me serai vengée du moins de tous mes ennemis.

RANTZAU, souriant.

En vérité! Eh bien! voilà encore qui vous empêchera de réussir. Vous y mettez de la passion, du ressentiment... Quand on conspire, il ne faut pas de haine, cela ôte le sang-froid. Il ne faut détester personne, car l'ennemi de la veille peut être l'ami du lendemain... et puis, si vous daignez en croire les conseils de ma vieille expérience, le grand art est de ne se livrer à personne, de n'avoir que soi pour complice; et moi qui vous parle, moi qui déteste les conspirations et qui par conséquent ne conspirerai pas... si cela m'arrivait jamais, fût-ce pour vous et en votre faveur... je déclare ici à votre majesté qu'elle-même n'en saurait rien et ne s'en douterait pas.

LA REINE.

Que voulez-vous dire?

RANTZAU.

Voici du monde!...

SCÈNE VII.

RANTZAU, LA REINE; ÉRIC, paraissant à la porte du fond et causant avec les huissiers de la chambre.

LA REINE.

Eh! mais! c'est le fils de mon marchand de soieries, monsieur Éric Burkenstaff... Approchez... approchez... que me voulez-vous? parlez sans crainte! (Bas, à Rantzau.) Il faut bien essayer de se rendre populaire!

ÉRIC.

J'ai accompagné au palais mon père qui apportait des étoffes à la reine Mathilde, ainsi qu'à vous, madame; et pendant qu'il attend audience... je venais... c'est bien téméraire à moi... solliciter de votre majesté une faveur...

LA REINE.

Et laquelle?

ÉRIC.

Ah!... je n'ose... c'est si terrible de demander... sur-tout lorsque, ainsi que moi, l'on n'a aucun droit!

RANTZAU.

Voilà le premier solliciteur que j'entende parler ainsi; et plus je vous regarde, plus il me semble, jeune homme, que nous nous sommes déjà rencontrés.

LA REINE.

Dans les magasins de son père... au Soleil-d'Or... Raton Burkenstaff... le plus riche négociant de Copenhague.

RANTZAU.

Non... ce n'est pas là... mais dans les salons de mon farouche collègue, M. de Falkenskield, ministre de la guerre...

ÉRIC.

Oui, monseigneur... j'ai été pendant deux ans son secrétaire particulier; mon père l'avait voulu; mon père, par ambition pour moi, avait obtenu cette place par le crédit de mademoiselle de Falkenskield, qui venait souvent dans nos magasins; et au lieu de me laisser continuer mon état, qui m'aurait mieux convenu sans doute...

RANTZAU, l'interrompant.

Non pas! car j'ai plus d'une fois entendu M. de Falkenskield lui-même, qui est difficile et sévère, parler avec éloge de son jeune secrétaire.

ÉRIC, s'inclinant.

Il est bien bon! (Froidement.) Il y a quinze jours qu'il m'a destitué, qu'il m'a renvoyé de ses bureaux et de son hôtel.

LA REINE.

Et pourquoi donc?

ÉRIC, froidement.

Je l'ignore. Il était le maître de me congédier, il a usé de son droit, je ne me plains pas. C'est si peu de chose que le fils d'un marchand, qu'on ne lui doit même pas compte des affronts qu'on lui fait. Mais je voudrais seulement...

LA REINE.

Une autre place... on vous la doit.

RANTZAU, souriant.

Certainement; et puisque le comte a eu la maladresse de se priver de vos services... Nous autres diplomates profitons volontiers des fautes de nos collègues, et je vous offre chez moi ce que vous aviez chez lui.

ÉRIC, vivement.

Ah! monseigneur, ce serait retrouver cent fois plus que je n'ai perdu; mais je ne suis pas assez heureux pour pouvoir accepter.

RANTZAU.

Et pourquoi donc?

ÉRIC.

Pardon, je ne puis le dire... mais je voudrais être officier... je voudrais... et je ne peux m'adresser pour cela à M. de Falkenskield. (A la reine.) Je venais donc supplier votre majesté de vouloir bien solliciter pour moi une lieutenance, n'importe dans quelle arme, dans quel régiment. Je jure que la personne à qui je devrai une pareille faveur n'aura jamais à s'en repentir, et que les jours qui me restent lui seront dévoués.

LA REINE, vivement.
Dites-vous vrai?... Ah! s'il ne tenait qu'à moi, dès aujourd'hui, avant ce soir, vous seriez nommé; mais j'ai en ce moment peu de crédit; je suis aussi dans la disgrâce.

ÉRIC.
O ciel! est-il possible!... alors je n'ai plus qu'à mourir.

RANTZAU, passant près de lui*.
Ce serait grand dommage, sur-tout pour vos amis; et comme d'aujourd'hui je suis de ce nombre...

ÉRIC.
Qu'entends-je?

RANTZAU.
J'essaierai, à ce titre, d'obtenir de mon sévère collègue...

ÉRIC, avec transport.
Ah! monseigneur, je vous devrai plus que la vie! (Avec joie.) Je pourrai donc me servir de mon épée... comme un gentilhomme!... Je ne serai plus le fils d'un marchand; et si l'on m'insulte, j'aurai le droit de me faire tuer.

RANTZAU, avec reproche.
Jeune homme!

ÉRIC, vivement.
Ou plutôt c'est à vous que je dois compte de mon sang, c'est à vous d'en disposer; et tant qu'il en restera une goutte dans mes veines, vous pouvez la réclamer; je ne suis pas un ingrat.

RANTZAU.
Je vous crois, mon jeune ami, je vous crois. (Lui montrant la table à droite.) Écrivez votre demande; je la ferai approuver tout-à-l'heure par Falkenskield, que je trouverai au conseil. (A la reine, pendant qu'Éric s'est mis à la table.) Voilà un cœur chaud et généreux, une tête capable de tout!

LA REINE.
Vous croyez donc à celui-là?

RANTZAU.
Je crois à tout le monde... jusqu'à vingt ans... Passé cet âge-là, c'est différent.

LA REINE.
Et pourquoi?

RANTZAU.
Parce qu'alors ce sont des hommes!

LA REINE.
Vous pensez donc qu'on peut compter sur lui, et que, pour soulever le peuple, par exemple, ce serait l'homme qu'il faudrait?...

* La reine, Rantzau, Éric.

RANTZAU.
Non... il y a dans cette tête-là autre chose que de l'ambition; et à votre place... mais, après cela, votre majesté fera ce qu'elle voudra. Notez bien que je ne vous conseille pas, que je ne conseille rien.

(Éric a achevé sa pétition et la présente au comte de Rantzau. En ce moment on entend Raton crier en dehors.)

RANTZAU.
C'est inconcevable... c'est inouï!

ÉRIC.
Ciel! la voix de mon père!...

RANTZAU.
Cela se trouve à merveille.

ÉRIC.
Non, monseigneur, non, je vous en conjure, qu'il n'en sache rien.

(Pendant ce temps la reine a traversé le théâtre à gauche, et Rantzau lui avance un fauteuil.)

SCÈNE VIII.

RANTZAU; LA REINE, assise; RATON, ÉRIC.

RATON, entrant, en colère.
C'est-à-dire que si je n'étais pas dans le palais du roi, et si je ne savais pas le respect qu'on lui doit, ainsi qu'à ses huissiers...

ÉRIC, allant au-devant de lui et lui montrant la reine.
Mon père...

RATON.
Dieu! la reine!...

LA REINE.
Qu'avez-vous donc, messire Raton Burkenstaff?

RATON.
Pardon, madame, je suis désolé, confus, car je sais que l'étiquette défend de se mettre en colère dans une résidence royale, et surtout devant votre majesté; mais, après l'affront que l'on vient de faire dans ma personne à tout le commerce de Copenhague, que je représente...

LA REINE.
Comment cela?

RATON.
Me faire attendre deux heures un quart dans une antichambre, moi et mes étoffes!... moi, Raton de Burkenstaff, syndic des marchands!... pour m'envoyer dire par un huissier: Revenez un autre jour, mon cher; la reine ne peut pas voir vos étoffes, elle est indisposée.

RANTZAU.
Est-il possible?

RATON.
Si c'eût été vrai, rien de mieux, j'aurais crié Vive la reine!... (A demi-voix.) Mais apprenez... et je peux, je crois, m'exprimer sans crainte devant votre majesté?

LA REINE.
Certainement.

ACTE I, SCÈNE VIII.

RATON.

Apprenez qu'en ce moment, de la fenêtre de l'antichambre où j'étais et qui donnait sur le parc intérieur, j'apercevais la reine se promenant gaiment, appuyée sur le bras du comte Struensée...

LA REINE.

Vraiment?...

RATON.

Et riant avec lui aux éclats... de moi, sans doute.

RANTZAU, avec un grand sérieux.

Oh! non, non; par exemple, je ne puis pas croire cela!

RATON.

Si, monsieur le comte! j'en suis sûr; et, au lieu de railler un syndic, un bourgeois respectable qui paie exactement à l'état sa patente et ses impôts, le ministre et la reine feraient mieux de s'occuper, l'un des affaires du royaume, et l'autre de celles de son ménage, qui ne vont pas déjà si bien.

ÉRIC.

Mon père... au nom du ciel...

RATON.

Je ne suis qu'un marchand, c'est vrai! mais tout ce qui se fabrique chez moi m'appartient; mon fils d'abord, que voilà; car ma femme Ulrique Marthe, fille de Gelastern, l'ancien bourgmestre, est une honnête femme qui a toujours marché droit, ce qui est cause que je marche le front levé; et il y a bien des princes qui n'en peuvent pas dire autant.

RANTZAU, avec dignité.

Monsieur Burkenstaff...

RATON.

Je ne nomme personne... Dieu protége le roi! mais pour la reine et pour le favori...

ÉRIC.

Y pensez-vous! si l'on vous entendait?

RATON.

Qu'importe? je ne crains rien! je dispose de huit cents ouvriers... Oui, morbleu, je ne suis pas comme mes confrères, qui font venir leurs étoffes de Paris ou de Lyon; je fabrique moi-même, ici, à Copenhague, où mes ateliers occupent tout un faubourg; et si l'on voulait me faire un mauvais parti, si l'on m'osait toucher à un cheveu de la tête... jour de Dieu!... il y aurait une révolte dans la ville!

RANTZAU, vivement.

Vraiment! (A part.) C'est bon à savoir. (Pendant qu'Éric prend son père à l'écart et tâche de le calmer, Rantzau, qui est debout à gauche, près du fauteuil de la reine, lui dit à demi-voix, en lui montrant Raton.) Tenez, voilà l'homme qu'il vous faut pour chef.

LA REINE.

Y pensez-vous! un important, un sot!

RANTZAU.

Tant mieux! un zéro bien placé a une grande valeur; c'est une bonne fortune qu'un homme pareil à mettre en avant; et si je m'en mêlais, si j'exploitais ce négociant-là, il me rapporterait cent pour cent de bénéfice.

LA REINE, à demi-voix.

Vous croyez? (Se levant et s'adressant à Raton.) Monsieur Raton Burkenstaff...

RATON, s'inclinant.

Madame!

LA REINE.

Je suis désolée que l'on ait manqué d'égards envers vous; j'honore le commerce, je veux le favoriser; et si à vous personnellement je puis rendre quelques services...

RATON.

C'est trop de bontés; et puisque votre majesté daigne m'y encourager, il est une faveur que je sollicite depuis long-temps, le titre de marchand de soieries de la couronne.

ÉRIC, le tirant par son habit.

Mais ce titre appartient déjà à maître Revantlow, votre confrère.

RATON.

Qui n'exerce pas, qui se retire des affaires, qui n'est plus assorti... et quand ce serait un passe-droit, une faveur, tu as entendu que sa majesté voulait favoriser le commerce, et j'ose dire que j'y ai des droits; car, par le fait, c'est moi qui suis le fournisseur de la cour. Je vends depuis long-temps à votre majesté, je vendais à la reine Mathilde... quand elle n'était pas indisposée; j'ai vendu ce matin à son excellence M. le comte de Falkenskield, ministre de la guerre, pour le prochain mariage de sa fille...

ÉRIC, vivement.

De sa fille!... elle se marie!

RANTZAU, le regardant.

Oui, sans doute! au neveu du comte de Gœlher, notre collègue.

ÉRIC.

Elle se marie!

RATON.

Qu'est-ce que cela te fait?

ÉRIC.

Rien!... j'en suis content pour vous.

RATON.

Certainement, une belle fourniture; d'abord les robes de noces et tout l'ameublement, en lampas, et quinze-seize, façon de Lyon, le tout sortant de nos fabriques : c'est fort, c'est moelleux, c'est brillant...

RANTZAU.

J'aperçois Falkenskield, il se rend au conseil.

LA REINE.

Ah! je ne veux pas le voir. Adieu, comte; adieu, monsieur Burkenstaff; vous aurez bientôt de mes nouvelles.

RATON.

Je serai nommé... Je cours chez moi l'apprendre à ma femme; viens-tu, Éric?

RANTZAU.
Non, pas encore!... J'ai à lui parler. (A Éric, pendant que Raton sort par la porte du fond.) Attendez, là, (il lui montre la coulisse à gauche.) dans cette galerie, vous saurez sur-le-champ la réponse du comte.
ÉRIC, s'inclinant.
Oui, monseigneur.

SCÈNE IX.
RANTZAU; FALKENSKIELD, sortant de la porte à droite.

FALKENSKIELD, entrant en rêvant.
Struensée a tort! il est trop haut maintenant pour avoir rien à craindre, et il peut tout oser. (Apercevant Rantzau.) Ah! c'est vous, mon cher collègue; voilà de l'exactitude!
RANTZAU.
Contre mon ordinaire... car j'assiste rarement au conseil.
FALKENSKIELD.
Et nous nous en plaignons.
RANTZAU.
Que voulez-vous! à mon âge...
FALKENSKIELD.
C'est celui de l'ambition, et vous n'en avez pas assez.
RANTZAU.
Tant d'autres en ont pour moi!... De quoi s'agit-il aujourd'hui?
FALKENSKIELD.
La reine présidera le conseil, et l'on s'occupera d'un sujet assez délicat. Il règne dans ce moment un laisser-aller, une licence...
RANTZAU.
A la cour?
FALKENSKIELD.
Non, à la ville. Chacun parle tout haut sur la reine, sur le premier ministre. Moi, je serais pour des moyens forts et énergiques. Struensée a peur; il craint des troubles, des soulèvements, qui ne peuvent exister; et en attendant, l'audace redouble: il circule des chansons, des pamphlets, des caricatures.
RANTZAU.
Il me semble cependant qu'attaquer la reine est un crime de lèse-majesté, et dans ce cas-là la loi vous donne des pouvoirs...
FALKENSKIELD.
Dont il faut user. Vous avez raison.
RANTZAU.
Mon Dieu! un bon exemple, et tout le monde se taira. Vous avez entre autres un mécontent, un bavard, homme de tête et d'esprit, et d'autant plus dangereux, que c'est l'oracle de son quartier.
FALKENSKIELD.
Et qui donc?
RANTZAU.
On me l'a cité; mais je me brouille avec les noms... Un marchand de soieries... au *Soleil-d'Or.*
FALKENSKIELD.
Raton Burkenstaff?
RANTZAU.
C'est cela même!... Après cela, est-ce vrai? je n'en sais rien, ce n'est pas moi qui l'ai entendu...
FALKENSKIELD.
N'importe, les renseignements qu'on vous a donnés ne sont que trop exacts; et je ne sais pas pourquoi ma fille prend toujours chez lui toutes ses étoffes.
RANTZAU, vivement.
Bien entendu qu'il ne faudrait lui faire aucun mal... un ou deux jours de prison...
FALKENSKIELD.
Mettons en huit.
RANTZAU, froidement.
Comme vous voudrez.
FALKENSKIELD.
C'est une bonne idée.
RANTZAU.
Qui vient de vous; et je ne veux pas auprès de la reine vous en ôter l'honneur.
FALKENSKIELD.
Je vous en remercie, cela terminera tout. Un service à vous demander...
RANTZAU.
Parlez.
FALKENSKIELD.
Le neveu du comte de Gœlher, notre collègue, va épouser ma fille, et je le propose aujourd'hui pour une place assez belle qui lui donnera entrée au conseil. J'espère que de votre part sa nomination ne souffrira aucune difficulté.
RANTZAU.
Et comment pourrait-il y en avoir?
FALKENSKIELD.
On pourrait objecter qu'il est bien jeune...
RANTZAU.
C'est un mérite à présent... c'est la jeunesse qui règne, et la reine ne peut lui faire un crime d'un tort qu'elle-même aura si long-temps encore à se reprocher.
FALKENSKIELD.
Ce mot seul le décidera; et l'on a bien raison de dire que le comte Bertrand de Rantzau est l'homme d'état le plus aimable, le plus conciliant, le plus désintéressé...
RANTZAU, tirant un papier.
J'ai une petite demande à vous faire, une lieutenance qu'il me faut...
FALKENSKIELD.
Je l'accorde à l'instant.
RANTZAU, lui montrant le papier.
Voyez auparavant...
FALKENSKIELD, passant à gauche*.
N'importe pour qui, dès que vous le recom-

* Falkenskield, Rantzau.

mandez. (Lisant.) O ciel!... Éric Burkenstaff!... Cela ne se peut...

RANTZAU, froidement et prenant du tabac.

Vous croyez? et pourquoi?

FALKENSKIELD, avec embarras.

C'est le fils de ce séditieux, de ce bavard.

RANTZAU.

Le père, oui: mais le fils ne parle pas; il ne dit rien, et ce sera au contraire une excellente politique de placer une faveur à côté d'un châtiment.

FALKENSKIELD.

Je ne dis pas non; mais donner une lieutenance à un jeune homme de vingt ans!...

RANTZAU.

Comme nous le disions tout-à-l'heure, c'est la jeunesse qui règne à présent.

FALKENSKIELD.

D'accord; mais ce jeune homme, qui a été dans les magasins de son père et puis dans mes bureaux, n'a jamais servi dans le militaire.

RANTZAU.

Pas plus que votre gendre dans l'administration. Après cela, si vous croyez que ce soit un obstacle, je n'insiste plus; je respecte vos avis, mon cher collègue, et je les suivrai en tout... (Avec intention.) Et ce que vous ferez, je le ferai.

FALKENSKIELD, à part.

Morbleu! (Haut et cherchant à cacher son dépit.) Vous faites de moi ce que vous voulez, et j'examinerai, je verrai.

RANTZAU, d'un air dégagé.

Quand il vous conviendra, aujourd'hui, ce matin; tenez, avant le conseil, vous pouvez m'en faire expédier le brevet.

FALKENSKIELD.

Nous n'avons pas le temps... il est deux heures...

RANTZAU, tirant sa montre.

Moins un quart.

FALKENSKIELD.

Vous retardez...

RANTZAU, causant avec lui en remontant le théâtre.

Non pas, et la preuve c'est que j'ai toujours su arriver à l'heure.

FALKENSKIELD, souriant.

Je m'en aperçois. (D'un air aimable.) Nous vous verrons ce soir... chez moi, à dîner?

RANTZAU.

Je n'en sais rien encore, je crains que mes maux d'estomac ne me le permettent pas.. mais en tout cas je serai exact au conseil, et vous m'y retrouverez.

FALKENSKIELD.

J'y compte.

(Il sort par la porte du fond.)

SCÈNE X.

ÉRIC, RANTZAU.

(Éric s'est montré à gauche pendant que Rantzau et Falkenskield remontaient le théâtre.)

ÉRIC.

Eh bien, monsieur le comte?... je sèche d'impatience...

RANTZAU, froidement.

Vous êtes nommé, vous êtes lieutenant.

ÉRIC.

Est-il possible!

RANTZAU.

A la sortie du conseil j'irai chez votre père choisir quelques étoffes, et je vous porterai moi-même votre brevet.

ÉRIC.

Ah!... c'est trop de bontés.

RANTZAU.

Un avis encore que je vous donne, à vous, sous le sceau du secret. Votre père est imprudent... il parle trop haut... cela pourrait lui attirer de fâcheuses affaires...

ÉRIC.

O ciel! en voudrait-on à sa liberté?

RANTZAU.

Je n'en sais rien, mais ce n'est pas impossible. En tout cas, vous voilà avertis... vous et vos amis, veillez sur lui... et sur-tout du silence.

ÉRIC.

Ah! l'on me tuerait plutôt que de m'arracher un mot qui pourrait vous compromettre. (Prenant la main de Rantzau.) Adieu... adieu, monseigneur.

(Il sort.)

RANTZAU.

Brave jeune homme!... qu'il y a là de générosité, d'illusions et de bonheur! (Avec tristesse.) Ah! que ne peut-on rester toujours à vingt ans!... (Souriant en lui-même.) Après tout, c'est bien vu!... on serait trop aisé à tromper. Allons au conseil!

(Il sort.)

ACTE SECOND.

La boutique de Raton Burkenstaff. — Au fond, des portes vitrées qui donnent sur la rue et devant lesquelles sont suspendues des pièces d'étoffes en étalage. — A gauche, un bel escalier qui conduit à ses magasins. Sous l'escalier, la porte d'un caveau. Du même côté, un petit comptoir ; et derrière, des livres de caisse et des livres d'échantillon. — A droite, des étoffes et une porte donnant dans l'intérieur de la maison.

SCÈNE I.
RATON, MARTHE.
(Raton est devant son comptoir ; sa femme est debout près de lui, tenant à la main plusieurs lettres.)

MARTHE.

Voici des commandes pour Lubeck et pour Altona... quinze pièces de satin et autant de Florence.

RATON, avec impatience.

C'est bien, ma femme, c'est bien.

MARTHE.

Des lettres de nos correspondants, auxquelles il faut répondre.

RATON.

Tu vois bien que je suis occupé.

MARTHE.

Il faut en même temps écrire à ce riche tapissier de Hambourg.

RATON, avec colère.

Un tapissier !...

MARTHE.

Une de nos meilleures pratiques.

RATON.

Écrire à un tapissier !... quand je suis là à écrire à une reine !

MARTHE.

Toi !

RATON.

A la reine-mère ! une pétition que je lui adresse au nom de mes confrères, parceque la reine-mère n'a rien à me refuser. Si tu avais vu, ma femme, comme elle m'a accueilli ce matin et en quelle estime je suis auprès d'elle !...

MARTHE.

Et qu'est-ce qu'il t'en reviendra de cela ?

RATON.

Ce qu'il m'en reviendra ! tu parles bien comme une femme, comme une marchande de soie qui n'entend rien aux affaires... Ce qu'il m'en reviendra ! *(Il se lève et sort de son comptoir.)* du crédit, de la considération... on devient un homme influent dans son quartier, dans la ville, dans l'état... on devient quelque chose, enfin.

MARTHE.

Et tout cela pour être fournisseur breveté de la couronne ! il te faut des titres ! tu n'as jamais eu d'autres rêves, d'autres désirs.

RATON.

Laisse-moi donc tranquille... il s'agit bien d'être fournisseur de la couronne !... *(A demi.)* Il s'agit d'être prévôt des marchands, et peut-être même bourgmestre de la ville de Copenhague... oui, femme, oui, tout cela est possible... avec la popularité dont je jouis et la faveur de la cour.

SCÈNE II.
JEAN, RATON, MARTHE.

JEAN, portant des étoffes sous son bras.

Me voici, notre maître... je viens de chez la baronne de Molke.

RATON, brusquement.

Eh bien ! qu'est-ce que ça me fait ? qu'est-ce que tu me veux ?

JEAN.

Le velours noir ne lui convient pas ; elle l'aime mieux vert, et vous prie de lui en porter vous-même des échantillons.

RATON, allant au comptoir.

Va-t-en au diable !... Vous allez voir que je vais me déranger de mes affaires !... Il est vrai que la baronne de Molke est une femme de la cour... Tu iras, ma femme, ce sont des affaires du magasin, cela te regarde.

JEAN.

Et puis voici...

RATON.

Encore ! il n'en finira pas.

JEAN, lui présentant un sac.

L'argent que j'ai touché pour ces vingt-cinq aunes de taffetas gorge de pigeon...

RATON, prenant le sac.

Dieu ! que c'est humiliant d'avoir à s'occuper de ces détails-là ! *(Lui rendant le sac.)* Porte cela là-haut à mon caissier, et qu'on me laisse tranquille. *(Il se remet à écrire.)* Oui, madame, c'est à votre majesté...

JEAN *, passant à droite et pesant le sac.

Humiliant... pas tant, et je m'accommoderais bien de ces humiliations-là.

MARTHE, l'arrêtant par le bras au moment où il va monter l'escalier.

Écoutez ici, monsieur Jean. Vous avez été bien long-temps dehors, pour deux courses que vous aviez à faire.

JEAN, à part.

Ah ! diable !... elle s'aperçoit de tout, celle-là ! elle n'est pas comme le bourgeois. *(Haut.)*

---

* Raton, Jean, Marthe.
** Raton au comptoir, Marthe au milieu du théâtre, Jean à droite.

C'est que, voyez-vous, madame, je m'arrêtais de temps en temps dans les rues ou dans la promenade à écouter des groupes qui parlaient.

MARTHE.

Et sur quoi?

JEAN.

Ah! dame, je ne sais pas... sur un édit du roi...

MARTHE.

Et lequel?

RATON, d'un air important et toujours au comptoir.

Vous ne savez pas cela, vous autres; l'ordonnance qui a paru ce matin et qui remet le pouvoir royal entre les mains de Struensée.

JEAN.

Ça m'est égal, je n'y ai rien compris; mais tout ce que je sais, c'est qu'on parlait vivement et avec des gestes, et ça s'échauffait... et il pourrait bien y avoir du bruit.

RATON, d'un air important.

Certainement, c'est très grave.

JEAN, avec joie.

Vous croyez?

MARTHE, à Jean.

Et qu'est-ce que ça te fait?

JEAN.

Ça me fait plaisir; parceque, quand il y a du bruit, on ferme les boutiques, on ne fait plus rien, on a congé; et pour les garçons de magasin, c'est un dimanche de plus dans la semaine; et puis, c'est si amusant de courir les rues et de crier avec les autres!...

MARTHE.

De crier... quoi?

JEAN.

Est-ce que je sais? on crie toujours!

MARTHE.

Il suffit; remontez là-haut et restez-y; vous ne sortirez plus d'aujourd'hui.

JEAN, sortant.

Quel ennui! il n'y a jamais de profits dans cette maison-ci!

MARTHE, se retournant et voyant Raton qui pendant ce temps a pris son chapeau et s'est glissé derrière elle.

Eh bien! toi qui étais si occupé, où vas-tu donc?

RATON.

Je vais voir ce que c'est.

MARTHE.

Et toi aussi?

RATON.

N'as-tu pas déjà peur?... les femmes sont terribles! Je veux seulement savoir ce qui se passe, me mêler parmi les groupes des mécontents, et glisser quelques mots en faveur de la reine-mère!

MARTHE.

Et qu'as-tu besoin d'elle, ou de sa protection? Quand on a de l'argent dans sa caisse, et nous en avons, on peut se passer de tout le monde; on n'a que faire des grands seigneurs; on est libre, indépendant, on est roi dans son magasin; reste dans le tien... c'est ta place!

RATON.

C'est-à-dire que je ne suis bon à rien qu'à auner du quinze-seize? c'est-à-dire que tu déprécies le commerce?

MARTHE.

Moi, déprécier le commerce! moi, fille et femme de fabricant! moi, qui trouve que c'est l'état le plus utile au pays, la source de sa richesse et de sa prospérité! moi, enfin, qui ne vois rien de plus honorable et de plus estimable qu'un commerçant qui est commerçant!... Mais si lui-même rougit de son état, s'il quitte son comptoir pour les antichambres, ce n'est plus ça... et quand on dit des bêtises comme homme de cour, je ne peux plus t'honorer comme marchand d'étoffes.

RATON.

A merveille, madame Raton Burkenstaff! Depuis que notre reine mène son mari, chaque femme du royaume se croit le droit de régenter le sien... Et vous, qui blâmez tant la cour, vous faites comme elle.

MARTHE.

Eh! mordi! ne songez pas à la cour, qui ne songe pas à vous, et pensez un peu plus à ce qui vous entoure. Etes-vous donc si las d'être heureux? N'avez-vous pas un commerce qui prospère, des amis qui vous chérissent, une femme qui vous gronde, mais qui vous aime, un fils que tout le monde nous envierait, un fils qui est notre orgueil, notre gloire, notre avenir?

RATON.

Ah! si tu te mets sur ce chapitre...

MARTHE.

Eh bien! oui... voilà mon ambition, à moi, mon affaire d'état; je ne m'informe pas de ce qui se passe ailleurs; peu m'importe que la reine ait un favori, ou n'en ait pas! que ce soit tel ambitieux qui règne, ou bien tel autre! Ce qu'il m'importe de savoir, c'est si tout va bien chez moi, si l'ordre règne dans ma maison, si mon mari se porte bien, si mon fils est heureux; moi, je ne m'occupe que de vous, de votre bien-être; c'est mon devoir. Que chacun fasse le sien... chacun son métier, comme on dit; et... voilà!

RATON, avec impatience.

Eh! qui te dit le contraire?

MARTHE.

Toi, qui à chaque instant, me donnes des inquiétudes mortelles; qui es toujours à pérorer sur le pas de ta boutique, à blâmer tout ce qu'on fait, ce qu'on ne fait pas; toi, à qui tes idées ambitieuses font négliger nos meilleurs amis... Michelson, qui t'a invité tant de fois à à aller le dimanche à sa campagne.

RATON.

Que veux-tu?... un marchand de draps qui n'est rien dans l'état... car enfin, qu'est-ce qu'il est?

MARTHE.

Il est notre ami; mais il te faut de la grandeur, de l'éclat. C'est encore par ambition que tu n'as pas voulu garder notre fils auprès de nous, où il aurait été si bien! et que tu l'as fait entrer auprès d'un grand seigneur, où il n'a éprouvé que des chagrins, dont il nous cache une partie.

RATON.

Est-il possible!... notre enfant!... notre fils unique!... il est malheureux!

MARTHE.

Et tu ne t'en es pas aperçu?... tu ne t'en doutais pas?

RATON.

Ce sont là des affaires de ménage... moi, je ne m'en mêlais pas; je comptais sur toi; j'ai tant d'occupations!... Et qu'est-ce qu'il veut? qu'est-ce qu'il lui faut? Est-ce de l'argent? Demande-lui combien... ou plutôt... tiens, voilà la clef de ma caisse; donne-la-lui.

MARTHE.

Taisez-vous, le voici.

SCÈNE III.
MARTHE, ÉRIC, RATON.

ÉRIC, entrant vivement.

Ah! c'est vous, mon père... je craignais que vous ne fussiez sorti. Il y a quelque agitation dans la ville.

RATON.

C'est ce qu'on dit; mais je ne sais pas encore de quoi il s'agit, car ta mère n'a pas voulu me laisser aller. Raconte-moi cela, mon garçon.

ÉRIC.

Ce n'est rien, mon père, rien du tout; mais il y a des moments où, même sans motifs, il vaut mieux agir avec prudence. Vous êtes le plus riche négociant du quartier, vous y êtes influent; vous ne craignez pas d'exprimer tout haut votre opinion sur la reine Mathilde et sur le favori. Ce matin encore, au palais...

MARTHE.

Est-il possible?

ÉRIC.

Ils pourraient finir par le savoir!

RATON.

Qu'est-ce que ça me fait? Je ne crains rien; je ne suis pas un bourgeois obscur, inconnu, et ce n'est pas un homme comme Raton Burkenstaff du Soleil-d'Or qu'on oserait jamais arrêter. Ils le voudraient, qu'ils n'oseraient pas!

ÉRIC, à demi-voix.

C'est ce qui vous trompe, mon père; je crois qu'ils oseront.

RATON, effrayé.

Hein! qu'est-ce que tu me dis là?... ce n'est pas possible.

MARTHE.

J'en étais sûre, je le lui répétais encore tout-à-l'heure. Mon Dieu! mon Dieu! qu'est-ce que nous allons devenir?

ÉRIC.

Rassurez-vous, ma mère, et ne vous effrayez pas.

RATON, tremblant.

Sans doute, tu es là à nous effrayer... à t'effrayer sans raison... ça vous trouble, ça vous déconcerte, on ne sait plus ce qu'on fait; et dans un moment où l'on a besoin de son sang-froid... Voyons, mon garçon, qui t'a dit cela? d'où le tiens-tu?

ÉRIC.

D'une source certaine, d'une personne qui n'est que trop bien instruite, et que je ne puis vous nommer; mais vous pouvez me croire.

RATON.

Je te crois, mon enfant; et d'après les renseignements positifs que tu me donnes là, qu'est-ce qu'il faut faire?

ÉRIC.

L'ordre n'est pas encore signé; mais d'un instant à l'autre il peut l'être; et ce qu'il y a de plus simple et de plus prudent, c'est de quitter sans bruit votre maison, de vous tenir caché pendant quelques jours...

MARTHE.

Et où cela?

ÉRIC.

Hors de la ville, chez quelque ami.

RATON, vivement.

Chez Michelson, le marchand de draps... ce n'est pas là qu'on ira me chercher... un brave homme... inoffensif.... qui ne se mêle de rien... que de son commerce.

MARTHE.

Vous voyez donc bien qu'il est bon quelquefois de se mêler de son commerce!

ÉRIC, d'un air suppliant.

Eh! ma mère...

MARTHE.

Tu as raison! j'ai tort: ne songeons qu'à son départ.

ÉRIC.

Il n'y a pas le moindre danger; mais n'importe, mon père, je vous accompagnerai.

RATON.

Non, il vaut mieux que tu restes; car enfin, tantôt quand ils viendront et qu'ils ne me trouveront plus, s'il y avait du bruit, du tumulte, tu imposeras à ces gens-là, tu veilleras à la sûreté de nos magasins, et puis tu rassureras ta mère, qui est toute tremblante.

ACTE II, SCÈNE III.

MARTHE.
Oui, mon fils, reste avec moi.

ÉRIC.
Comme vous voudrez. (Apercevant Jean qui descend l'escalier.) Et au fait, il suffira de Jean pour accompagner mon père jusque chez Michelson. Jean, tu vas sortir.

JEAN.
Est-il possible? quel bonheur! Madame le permet?

MARTHE.
Sans doute; tu sortiras avec ton maître.

JEAN.
Oui, madame.

ÉRIC.
Et tu ne le quitteras pas!

JEAN.
Oui, monsieur Éric.

RATON.
Et sur-tout de la discrétion, pas de bavardage, pas de curiosité.

JEAN.
Oui, notre maître, il y a donc quelque chose?

RATON, à Jean, à demi-voix.
La cour et le ministère sont furieux contre moi; on veut m'arrêter, m'incarcérer, m'emprisonner, peut-être pire.

JEAN.
Ah! bien, par exemple! je voudrais bien voir cela! il y aurait un fameux bruit dans le quartier, et vous m'y verriez, notre maître, vous verriez quel tapage! madame m'entendra crier.

RATON.
Taisez-vous, Jean, vous êtes trop vif.

MARTHE.
Vous êtes un tapageur.

ÉRIC.
Et du reste, ta bonne volonté sera inutile, car il n'y aura rien.

JEAN, tristement et à part.
Il n'y aura rien. Tant pis! moi qui espérais déjà du bruit et des carreaux cassés!

RATON, qui pendant ce temps a embrassé sa femme et son fils.
Adieu!... adieu!...

(Il sort avec Jean par la porte du fond; Marthe et Éric l'ont reconduit jusqu'à la porte de la boutique, et le suivent encore quelque temps des yeux, quand il est dans la rue.)

SCÈNE IV.
MARTHE, ÉRIC.

MARTHE.
Tu m'assures que dans quelques jours nous le reverrons?

ÉRIC.
Oui, ma mère, il y a quelqu'un qui daigne s'intéresser à nous, et qui, j'en suis sûr, emploiera son crédit à faire cesser les poursuites et à nous rendre mon père.

MARTHE.
Que je serai heureuse alors, quand nous serons réunis, quand rien ne nous séparera plus!... Eh bien! qu'as-tu donc? d'où viennent cet air sombre et ces regards si tristes?

ÉRIC, avec embarras.

Je crains... que pour moi du moins vos vœux ne se réalisent pas... je serai bientôt obligé de vous quitter, et pour long-temps peut-être.

MARTHE.
O ciel!

ÉRIC, avec plus de fermeté.
Je voulais d'abord ne pas vous en prévenir, et vous épargner ce chagrin; mais ce qui arrive aujourd'hui... et puis, partir sans vous embrasser, c'était impossible, je n'en aurais jamais eu le courage.

MARTHE.
Partir!... l'ai-je bien entendu! et pourquoi donc?

ÉRIC.
Je veux être militaire; j'ai demandé une lieutenance.

MARTHE.
Toi! mon Dieu! et que t'ai-je donc fait pour me quitter, pour fuir la maison paternelle? Est-ce que nous t'avons rendu malheureux? est-ce que nous t'avons causé du chagrin? Pardonne-le-moi, mon fils, ce n'est pas ma faute, c'est sans le vouloir, et je réparerai mes torts.

ÉRIC.
Vos torts... vous qui êtes la meilleure et la plus tendre des mères... Non, je n'accuse que moi seul... Mais, voyez-vous, je ne peux rester en ces lieux.

MARTHE.
Et pourquoi? y a-t-il quelque endroit, dans le monde, où l'on t'aimera comme ici? Que te manque-t-il? Veux-tu briller dans le monde, éclipser les plus riches seigneurs? Nous le pouvons. (Lui donnant la clef.) Tiens, tiens, dispose de nos richesses; ton père y consent; moi, je te le demande et je t'en remercierai; car c'est pour toi que nous amassons et que nous travaillons tous les jours; cette maison, ces magasins, c'est à toi bien, cela t'appartient!

Ne parle pas ainsi, je n'en veux pas, je ne veux rien; je ne suis pas digne de vos bontés. Si je vous disais que cette fortune, fruit de vos travaux, je suis tenté de la repousser; que cet état, que vous exercez avec tant d'honneur et de probité, cet état, dont j'étais fier autrefois, est aujourd'hui ce qui fait mon tourment et mon désespoir, ce qui s'opposera à mon bonheur, à ma vengeance, à tout ce que j'ai de passions dans le cœur!

MARTHE.

Et comment cela, mon Dieu?

ÉRIC.

Ah! je vous dirai tout; ce secret-là me pèse depuis long-temps; et à qui confier ses chagrins, si ce n'est à sa mère?... Mettant tout votre bonheur dans un fils qui vous a causé tant de peines, vous l'aviez fait élever avec trop de soin, trop de tendresse peut-être...

MARTHE.

Comme un seigneur, comme un prince! et s'il y avait eu quelque chose de mieux ou de plus cher, tu l'aurais eu.

ÉRIC.

Vous n'avez pas alors voulu me laisser dans ce comptoir, où était ma vraie place!

MARTHE.

Ce n'est pas moi! c'est ton père, qui t'a fait nommer secrétaire particulier de M. de Falkenskield.

ÉRIC.

Pour mon malheur; car, admis dans son intimité, passant mes jours près de Christine, sa fille unique, mille occasions se présentaient de la voir, de l'entendre, de contempler ses traits charmants, qui sont le moindre des trésors qu'on voit briller en elle... Ah! si vous aviez pu l'apprécier chaque jour comme je l'ai fait, si vous l'aviez vue si séduisante à-la-fois de raison et de grace, si simple et si modeste, qu'elle seule semblait ignorer son esprit et ses talents, et une ame si noble, un caractère si généreux!... Ah! si vous l'aviez vue ainsi, ma mère, vous auriez fait comme moi, vous l'auriez adorée.

MARTHE.

O ciel!

ÉRIC.

Oui, depuis deux ans cet amour-là fait mon tourment, mon bonheur, mon existence. Et ne croyez pas que, méconnaissant mes devoirs et les droits de l'hospitalité, je lui aie laissé voir ce qui se passait dans mon cœur, ni que jamais j'aie eu l'idée de lui déclarer une passion que j'aurais voulu me cacher à moi-même... Non, je n'aurais plus été digne de l'aimer. Mais ce secret dont elle ne se doute pas et qu'elle ignorera toujours, d'autres yeux plus clairvoyants l'ont sans doute deviné; son père se sera aperçu de mon embarras, de mon trouble, de mon émotion; car à sa vue je m'oubliais moi-même, j'oubliais tout, mais j'étais heureux... elle était là! Hélas! ce bonheur, on m'en a privé... Vous savez comment le comte m'a congédié sans me faire connaître les motifs de ma disgrace, comment il m'a banni de son hôtel, et comment depuis ce jour il n'y a plus pour moi ni repos, ni joie, ni plaisir.

MARTHE.

Hélas! oui.

ÉRIC.

Mais ce que vous ne savez pas, c'est que tous les soirs, tous les matins, j'errais autour de ses jardins pour apercevoir de plus près Christine ou plutôt les fenêtres de son appartement; et dernièrement je ne sais quel délire, quelle fièvre s'était emparée de moi... ma raison m'avait abandonné, et, sans savoir ce que je faisais, j'avais pénétré dans le jardin.

MARTHE.

Quelle imprudence!

ÉRIC.

Oh! oui, ma mère, car je ne devais pas la voir... sans cela, et au prix de tout mon sang... mais rassurez-vous; il était onze heures du soir; personne ne m'avait aperçu, personne, qu'un jeune fat qui, suivi de deux domestiques, traversait une allée pour se rendre chez lui... c'était le baron Frédéric de Gœlher, neveu du ministre de la marine, qui tous les soirs, à ce qu'il paraît, venait faire sa cour... Oui, ma mère, c'est son prétendu, celui qui doit l'épouser... Je n'en savais rien alors... mais je le devinais déjà à la haine que j'éprouvais pour lui; et quand il me cria, d'un ton impertinent et hautain, Où allez-vous ainsi? qui êtes-vous? l'insolence de ma réponse égala celle de la demande, et alors... ah! ce souvenir ne s'effacera jamais de ma mémoire, il ordonna à ses gens de me châtier, et l'un d'eux leva la main sur moi; oui, ma mère, oui, il m'a frappé, non pas deux fois, car à la première je l'avais étendu à mes pieds; mais il m'avait frappé, il m'avait fait affront; et quand je courus à son maître, quand je lui en demandai satisfaction: « Volontiers, me dit-il, qui êtes-vous? » Je lui dis mon nom. « Burkenstaff! s'écria-t-il avec dédain; je ne me bats pas avec le fils d'un marchand. Si vous étiez noble ou officier, je ne dis pas!... »

MARTHE, effrayée.

Grand Dieu!

ÉRIC.

Noble! je ne puis jamais l'être, c'est impossible! mais officier...

MARTHE, vivement.

Tu ne le seras pas! tu n'obtiendras pas ce grade, où tu n'as pas de droit; non, tu n'en as pas... Ta place est ici, dans cette maison, près de ta mère qui perd tout aujourd'hui; car te voilà comme ton père; vous voilà tous deux prêts à m'abandonner, à exposer vos jours; et pourquoi? parceque vous ne savez pas être heureux, parce qu'il vous faut des desirs ambitieux, parceque vous regardez au-dessus de votre état. Moi, je ne regarde que vous, je n'aime que vous! Je ne demande rien aux puissances du jour, ni aux grands seigneurs, ni à leurs filles... Je ne veux que mon mari, mon fils... mais je les veux... (Serrant son fils dans ses bras.) Ça m'appartient, c'est mon bien, et on ne me l'ôtera pas!

SCÈNE V.
MARTHE, JEAN, ÉRIC.

JEAN, avec joie et regardant la cantonade.
C'est ça! à merveille!... continuez comme ça.

ÉRIC.
Eh quoi! déja de retour!... est-ce que mon père est chez Michelson?

JEAN, avec joie.
Mieux que cela.

MARTHE, avec impatience.
Enfin il est en sûreté?

JEAN, d'un air de triomphe.
Il a été arrêté.

MARTHE.
Ciel!...

JEAN.
Ne vous effrayez pas! ça va bien, ça prend une bonne tournure.

ÉRIC, avec colère.
T'expliqueras-tu?

JEAN.
Je traversais avec lui la rue de Stralsund, quand nous rencontrons deux soldats aux gardes qui nous examinent... nous suivent... puis s'adressant à votre père: Maître Burkenstaff, lui dit l'un d'eux, en ôtant son chapeau, au nom de son excellence le comte Struensée, je vous invite à nous suivre; il desire vous parler.

ÉRIC.
Eh bien?

JEAN.
Voyant un air si doux et si honnête, votre père répond: Messieurs, je suis prêt à vous accompagner: et tout cela s'était passé si tranquillement que personne dans la rue ne s'en était aperçu; mais moi, pas si bête... je me mets à crier de toutes mes forces: A moi! au secours! on arrête mon maître... Raton Burkenstaff... à moi les amis!

ÉRIC.
Imprudent!

JEAN.
Pas du tout; car j'avais aperçu un groupe d'ouvriers qui se rendaient à l'ouvrage; ils accourent à ma voix; en les voyant courir, les femmes et les enfants font comme eux, on ne peut plus passer, les voitures s'arrêtent, les marchands sont sur les pas de leurs portes et les bourgeois se mettent aux fenêtres. Pendant ce temps, les ouvriers avaient entouré les deux soldats aux gardes, délivré votre père, et l'emmenaient en triomphe suivi de la foule, qui grossissait toujours; mais en passant rue d'Altona, où sont nos ateliers, ça a été un bien autre tapage!... le bruit s'était déja répandu qu'on avait voulu assassiner notre bourgeois, qu'il y avait eu un combat acharné avec les troupes; toute la fabrique s'était soulevée et le quartier aussi, et ils marchent au palais en criant: Vive Burkenstaff! qu'on nous le rende!

ÉRIC.
Quelle folie!

MARTHE.
Et quel malheur!

ÉRIC.
D'une affaire qui n'était rien, faire une affaire sérieuse qui va compromettre mon père et justifier les mesures qu'on prenait contre lui.

JEAN.
Mais du tout... n'ayez donc pas peur... il n'y a plus rien à craindre! ça a gagné les autres quartiers. On casse déja les réverbères et les croisées des hôtels... ça va bien, c'est amusant. On ne fait de mal à personne; mais tous les gens de la cour que l'on rencontre, on leur jette de la boue à eux et à leur voiture! ça approprie les rues... et tenez... tenez... entendez-vous ces cris?... voyez-vous ce beau carrosse arrêté près de notre boutique et qu'on essaie de renverser?

ÉRIC.
Qu'ai-je vu? les armes du comte de Falkenskield!... Dieu! si c'était...
(Il s'élance dans la rue.)

SCÈNE VI.
JEAN, MARTHE.

MARTHE, voulant retenir Éric.
Mon fils! mon fils! S'il allait s'exposer!...

JEAN.
Laissez-le donc... lui!... le fils de notre maître... il ne risque rien, il ne court aucun danger... que d'être porté en triomphe, s'il veut! (Regardant au fond.) Voyez-vous d'ici comme il parle aux messieurs qui entourent la voiture? des jeunes gens de la rue, je les connais tous... ils s'en vont... ils s'éloignent.

MARTHE.
A la bonne heure!... Mais mon mari... je veux savoir ce qu'il devient... je cours le rejoindre...

JEAN, voulant l'empêcher de sortir.
Y pensez-vous?

MARTHE, le repoussant et s'élançant dans la rue à droite.
Laisse-moi, te dis-je, je le veux... je le veux.

Impossible de la retenir. (Appelant à gauche dans la rue.) Monsieur Éric!... monsieur Éric!... (Regardant.) Tiens, qu'est-ce qu'il fait donc là?... il aide à descendre de la voiture une jeune dame, qui est bien belle, ma foi, et bien élégante... Eh! mais, est-ce qu'elle serait évanouie! (Redescendant le théâtre.) Elle a eu peur de ça... est-elle bonne!

ÉRIC, rentrant et portant dans ses bras Christine qui est évanouie, et qu'il dépose sur un fauteuil à gauche*.

Vite des secours... ma mère...

JEAN.

Elle vient de sortir pour avoir des nouvelles de notre bourgeois.

ÉRIC, regardant Christine.

Elle revient à elle. (A Jean qui la regarde aussi.) Qu'est-ce que tu fais là? va-t-en!

JEAN.

Je ne demande pas mieux. (A part.) Je vais retrouver les autres et les aider à crier!

(Il sort par le fond.)

SCÈNE VII.

CHRISTINE, ÉRIC.

CHRISTINE, revenant à elle.

Ces cris... ces menaces... cette multitude furieuse qui m'entourait... que leur ai-je fait?... et où suis-je?

ÉRIC, timidement.

Vous êtes en sûreté ; ne craignez rien!

CHRISTINE, avec émotion.

Cette voix... (Se retournant.) Éric... c'est vous!

ÉRIC.

Oui, c'est moi qui vous revois et qui suis le plus heureux des hommes... car j'ai pu vous défendre... vous protéger et vous donner asile.

CHRISTINE.

Où donc?

ÉRIC.

Chez moi, chez ma mère; pardon de vous recevoir en des lieux si peu dignes de vous; ces magasins, ce comptoir, sont bien différents des brillants salons de votre père; mais nous sommes si peu de chose, nous ne sommes que des marchands!

CHRISTINE.

Ce serait déjà un titre à la considération de tous; mais auprès de moi et auprès de mon père vous en avez d'autres encore, et le service que vous venez de me rendre...

ÉRIC.

Un service! ah! ne prononcez pas ce mot-là.

CHRISTINE, toujours assise.

Et pourquoi donc?

ÉRIC.

Parcequ'il va encore m'imposer silence, parcequ'il va de nouveau m'enchaîner par des liens que je veux rompre enfin. Oui, tant que je fus accueilli par votre père, tant que j'étais admis par lui sous son toit hospitalier, j'aurais cru manquer à la probité, à l'honneur, à tous les devoirs, en trahissant un secret dont ses affronts me dégagent; je ne lui dois plus rien,

*Christine sur le fauteuil, Éric, Jean.

nous sommes quittes; et avant de mourir je veux parler, je veux, dussiez-vous m'accabler de votre dédain et de votre colère, que vous sachiez une fois ce que j'ai éprouvé de tourments, et ce que mon cœur renferme de douleur et de désespoir.

CHRISTINE, se levant.

Éric, au nom du ciel!

ÉRIC.

Vous le saurez!

CHRISTINE.

Ah! malheureux! croyez-vous que je l'ignore!

ÉRIC, transporté de joie.

Christine!...

CHRISTINE, effrayée, lui imposant silence.

Taisez-vous! taisez-vous! croyez-vous donc mon cœur si peu généreux qu'il n'ait pas compris la générosité du vôtre, qu'il ne vous ait pas tenu compte de votre dévouement et surtout de votre silence? (Mouvement de joie d'Éric.) Que ce soit aujourd'hui la dernière fois que vous ayez osé le rompre; demain je suis destinée à un autre, mon père l'exige, et soumise à mes devoirs...

ÉRIC.

Vos devoirs...

CHRISTINE.

Oui, je sais ce que je dois à ma famille, à ma naissance, à des distinctions que je n'eusse pas désirées peut-être, mais que le ciel m'a imposées et dont je serai digne. (S'avançant vers lui.) Et vous, Éric, (timidement.) je n'ose dire mon ami, ne vous abandonnez pas au désespoir où je vous vois; dites-vous bien que la honte ou l'honneur ne vient pas du rang qu'on occupe, mais de la manière dont on en remplit les devoirs; et vous ferez comme moi, vous subirez le vôtre avec courage et sans vous plaindre. Adieu pour toujours; demain je serai la femme du baron de Gœlher.

ÉRIC.

Non pas tant que je vivrai, et je vous jure ici... Dieu! l'on vient!

SCÈNE VIII.

CHRISTINE, ÉRIC, RANTZAU, MARTHE.

MARTHE, à Rantzau.

Si c'est à mon fils que vous voulez parler, le voici. (A part.) Impossible de rien apprendre.

CHRISTINE, l'apercevant.

O ciel!

MARTHE et RANTZAU, saluant.

Mademoiselle de Falkenskield!...

ÉRIC, vivement.

A qui nous avons eu le bonheur d'offrir un refuge, car sa voiture avait été arrêtée.

RANTZAU.

Eh! mais! vous avez l'air de vous justifier d'un trait qui vous fait honneur.

ÉRIC, troublé.

Moi, monsieur le comte!

MARTHE, à part.

Un comte!... (Avec mauvaise humeur.) C'est fini, notre boutique est maintenant le rendez-vous des grands seigneurs.

RANTZAU, qui pendant ce temps a jeté un regard pénétrant sur Christine et sur Eric, qui tous deux baissent les yeux.

C'est bien!... c'est bien... (Souriant.) Une belle dame en danger, un jeune chevalier qui la délivre; j'ai vu des romans qui commençaient ainsi.

ÉRIC, voulant changer la conversation.

Mais vous-même, monsieur le comte, vous êtes bien hardi de sortir ainsi à pied dans les rues.

RANTZAU.

Pourquoi cela? Dans ce moment, les gens à pied sont des puissances; ce sont eux qui éclaboussent; et puis, moi, je n'ai qu'une parole; je vous avais promis, en venant ici faire quelques emplettes, de vous apporter votre brevet de lieutenant... (le tirant de sa poche et le lui présentant.) le voici!

ÉRIC.

Quel bonheur! je suis officier!

MARTHE.

C'est fait de moi... (Montrant Rantzau.) J'avais raison de me défier de celui-là.

RANTZAU, se tournant vers elle.

Je vous fais compliment, madame, sur la faveur dont vous jouissez en ce moment.

MARTHE.

Que voulez-vous dire?

RANTZAU.

Ignorez-vous donc ce qui se passe?

MARTHE.

Je viens de nos ateliers, où il n'y avait plus personne.

RANTZAU.

Ils sont tous dans la grande place; votre mari est devenu l'idole du peuple. De tous les côtés on rencontre des bannières sur lesquelles flottent ces mots: Vive Burkenstaff, notre chef! Burkenstaff pour toujours!... Son nom est devenu un cri de ralliement.

MARTHE.

Ah! le malheureux!

RANTZAU.

Les flots tumultueux de ses partisans entourent le palais, et ils crient tous de bon cœur: A bas Struensée! (Souriant.) Il y en a même quelques uns qui crient: A bas les membres de la régence!

ÉRIC.

O ciel! et vous ne craignez pas...

RANTZAU.

Nullement: je me promène incognito, en amateur; d'ailleurs, s'il y avait quelque danger, je me réclamerais de vous!

ÉRIC, vivement.

Et ce ne serait pas en vain, je vous le jure!

RANTZAU, lui prenant la main.

J'y ai compté.

MARTHE, remontant le théâtre.

Ah! mon Dieu! entendez-vous ce bruit?

RANTZAU à part, et prenant la droite.

C'est bien! cela marche! et si cela continue ainsi, on n'aura pas besoin de s'en mêler.

SCÈNE IX

CHRISTINE, ÉRIC, JEAN, MARTHE, RANTZAU.

JEAN, accourant tout essoufflé.

Victoire!... victoire!... nous l'emportons!...

MARTHE, ÉRIC et RANTZAU.

Parle vite, parle donc!

JEAN.

Je n'en peux plus, j'ai tant crié!... Nous étions dans la grande place, devant le palais, sous le balcon, trois ou quatre mille! et nous répétions, Burkenstaff, Burkenstaff! qu'on révoque l'ordre qui le condamne; Burkenstaff!!! Alors la reine a paru au balcon, et Struensée à côté d'elle, en grand costume, du velours bleu magnifique, et un bel homme, une belle voix! Il a parlé et on a fait silence : « Mes amis, de faux rapports « nous avaient abusés; je révoque toute espèce « d'arrestation, et je vous jure ici, au nom de « la reine et au mien, que M. Burkenstaff est « libre et n'a plus rien à craindre. »

MARTHE.

Je respire!...

CHRISTINE.

Quel bonheur!...

ÉRIC.

Tout est sauvé!

RANTZAU, à part.

Tout est perdu!

JEAN.

Alors, c'étaient des cris de : Vive la reine! vive Struensée! vive Burkenstaff! Et quand j'ai eu dit à mes voisins: C'est pourtant moi qui suis Jean, son garçon de boutique, ils ont crié : Vive Jean! et ils m'ont déchiré mon habit, en m'élevant sur leurs bras pour me montrer à la multitude. Mais ce n'est rien encore; les voilà tous qui s'organisent, les chefs des métiers en tête, pour venir ici complimenter notre maître et le porter en triomphe à la maison commune.

MARTHE, à part.

Un triomphe! il en perdra la tête!

RANTZAU, à part.

Quel dommage!... une révolte qui commençait si bien!... A qui se fier à présent!

SCÈNE X.

CHRISTINE, ÉRIC, au fond; BURKENSTAFF et plusieurs notables qui l'entourent; MARTHE; JEAN, RANTZAU.

BURKENSTAFF, prenant plusieurs pétitions.

Oui, mes amis, oui, je présenterai vos réclamations à la reine et au ministre, et il faudra bien qu'on y fasse droit; je serai là d'ailleurs, je parlerai. Quant au triomphe que le peuple me décerne et que ma modestie m'ordonne de refuser...

MARTHE, à part.

A la bonne heure!

BURKENSTAFF.

Je l'accepte! dans l'intérêt général et pour le bon effet. J'attendrai ici le cortège, qui peut venir me prendre quand il voudra. Quant à vous, mes chers confrères, les notables de notre corporation, j'espère bien que tantôt, au retour du triomphe, vous viendrez souper chez moi; je vous invite tous.

TOUS, criant en sortant.

Vive Burkenstaff! vive notre chef!

BURKENSTAFF.

Notre chef!... vous l'entendez! quel honneur!... (A Éric.) Quelle gloire, mon fils, pour notre maison! (A Marthe.) Eh bien! ma femme, que te disais-je? je suis une puissance... un pouvoir... rien n'égale ma popularité, et tu vois ce que j'en peux faire.

MARTHE.

Vous en ferez une maladie; reposez-vous... car vous n'en pouvez plus!

BURKENSTAFF, s'essuyant le front.

Du tout! la gloire ne fatigue pas... Quelle belle journée! tout le monde s'incline devant moi, s'adresse à moi et me fait la cour. (Apercevant Christine et Rantzau qui sont près du comptoir à gauche, et qui étaient masqués par Éric.) Que vois-je? mademoiselle de Falkenskield et monsieur de Rantzau chez moi! (A Rantzau, d'un air protecteur et avec emphase.) Qu'y a-t-il, monsieur le comte? Que puis-je pour votre service? que me demandez-vous?...

RANTZAU, froidement.

Quinze aunes de velours pour un manteau.

BURKENSTAFF, déconcerté.

Ah!... c'est cela, pardon... mais pour ce qui est du commerce, je ne puis pas; si c'était toute autre chose... (Appelant.) Ma femme!... vous sentez qu'au moment d'un triomphe... ma femme... montez dans les magasins, servez monsieur le comte.

RANTZAU, donnant un papier à Marthe.

Voici ma note.

*Au moment où sortent les notables, Rantzau remonte ainsi qu'eux le théâtre, et redescend à gauche. Les acteurs se trouvant dans l'ordre suivant: Christine assise près du comptoir, Rantzau, Éric, Raton, Marthe, Jean.

BURKENSTAFF, criant à sa femme qui est déjà sur l'escalier.

Et puis, tu songeras au souper, un souper digne de notre nouvelle position; du bon vin, entends-tu?... (Montrant la porte qui est sous l'escalier.) Le vin du petit caveau.

MARTHE, remontant l'escalier.

Est-ce que j'ai le temps de tout faire?

BURKENSTAFF.

Eh bien! ne te fâche pas... (A Rantzau.) J'irai moi-même... (Marthe remonte l'escalier et disparaît.) Mille pardons encore, monsieur le comte; mais, voyez-vous, j'ai tant d'occupations, tant d'autres soins... (A Christine, d'un ton protecteur.) Mademoiselle de Falkenskield, j'ai appris par Jean, mon garçon de... (Se reprenant.) mon commis... le manque de respect qu'on avait eu pour votre voiture et pour vous; croyez bien que j'ignorais... je ne peux pas être par-tout. (D'un ton d'importance.) Sans cela, j'aurais interposé mon autorité; je vous promets d'en témoigner tout mon mécontentement, et je veux avant tout...

RANTZAU.

Faire reconduire mademoiselle à l'hôtel de son père.

BURKENSTAFF.

C'est ce que j'allais dire, vous m'y faites penser... Jean, que l'on rende à mademoiselle son carrosse... Vous direz que je l'ordonne, moi, Raton de Burkenstaff... et pour escorter mademoiselle...

ÉRIC, vivement.

Je me charge de ce soin, mon père.

BURKENSTAFF.

A la bonne heure!... (A Éric.) S'il vous arrivait quelque chose, si on vous arrêtait... Tu diras: Je suis Éric de Burkenstaff, fils de messire...

JEAN.

Raton de Burkenstaff... c'est connu.

RANTZAU, saluant Christine.

Adieu, mademoiselle... adieu, mon jeune ami.

[Éric a offert sa main à Christine et sort avec elle, suivi de Jean.]

SCÈNE XI.

RANTZAU, RATON. (Rantzau s'est assis près du comptoir, et Raton de l'autre côté, à droite.)

RATON.

On vous a fait attendre, et j'en suis désolé.

RANTZAU.

J'en suis ravi... je reste plus long-temps avec vous; et l'on aime à voir de près les personnages célèbres.

RATON.

Célèbre!... vous êtes trop bon. Du reste, c'est une chose inconcevable... ce matin personne n'y pensait, ni moi non plus... et c'est venu en un instant.

RANTZAU.
C'est toujours ainsi que cela arrive. (À part.) Et que cela s'en va. (Haut.) Je suis seulement fâché que cela n'ait pas duré plus long-temps.

RATON.
Mais ça n'est pas fini... Vous l'avez entendu... ils vont venir me prendre pour me mener en triomphe. Pardon, je vais m'occuper de ma toilette; car, si je les faisais attendre, ils seraient inquiets; ils croiraient que la cour m'a fait disparaître.

RANTZAU, souriant.
C'est vrai, et cela recommencerait..

RATON.
Comme vous dites... ils m'aiment tant !... Aussi, ce soir, ce souper que je donne aux notables sera, je crois, d'un bon effet, parceque dans un repas on boit...

RANTZAU.
On s'anime.

RATON.
On porte des toasts à Burkenstaff, au chef du peuple, comme ils m'appellent... Vous comprenez... Adieu, monsieur le comte.

RANTZAU, souriant et le rappelant.
Un instant, un instant... pour boire à votre santé il faut du vin, et ce que vous disiez tout à l'heure à votre femme...

RATON, se frappant le front.
C'est juste... Je l'oubliais... (Il passe derrière Rantzau et derrière le comptoir, et montre la porte qui est sous l'escalier.) J'ai là le caveau secret, le bon endroit où je tiens cachés mes vins du Rhin et mes vins de France... Il n'y a que moi et ma femme qui en ayons la clef.

RANTZAU, à Raton qui ouvre la porte.
C'est prudent. J'ai cru d'abord que c'était là votre caisse.

RATON.
Non vraiment, quoiqu'elle y fût en sûreté. (Frappant sur la porte.) Six pouces d'épaisseur, doublée en fer; et il y a une seconde porte exactement pareille. (Prêt à entrer.) Vous permettez, monsieur le comte?

RANTZAU.
Je vous en prie... je monte au magasin. (Raton est descendu dans le caveau; Rantzau s'avance vers la porte, la ferme et revient tranquillement au bord du théâtre, en disant:) C'est un trésor qu'un homme pareil, et les trésors... (montrant la clef qu'il tient,) il faut les mettre sous clef.
(Il monte par l'escalier qui conduit aux magasins et disparaît.)

∞∞∞∞∞∞∞∞∞∞∞∞∞∞∞∞∞∞∞∞∞∞∞∞

SCÈNE XII.
JEAN, MARTHE.

JEAN, paraissant au fond, à la porte de la boutique, pendant que le comte monte l'escalier.
Les voici... les voici... c'est superbe à voir,
Raton, Rantzau.

un cortège magnifique... les chefs des corporations avec leurs bannières, et puis de la musique. (On entend une marche triomphale, et l'on voit paraître la tête du cortège, qui se range au fond du théâtre, dans la rue, en face de la boutique.) Où est donc notre maître? là-haut, sans doute. (Courant à l'escalier.) Notre maître, descendez donc!... on vient vous chercher... m'entendez-vous?

MARTHE, paraissant sur l'escalier avec deux garçons de boutique.
Et qu'est-ce que tu as encore à crier?

JEAN.
Je crie après notre maître.

MARTHE.
Il est en bas.

JEAN.
Il est en haut.

MARTHE.
Je te dis que non.

TOUT LE PEUPLE, en dehors.
Vive Burkenstaff! vive notre chef!

JEAN.
Et il n'est pas là.... et on va crier sans lui... (Aux deux garçons de boutique qui sont descendus.) Voyez, vous autres... parcourez la maison...

LE PEUPLE, en dehors.
Vive Burkenstaff!... qu'il paraisse!... qu'il paraisse!...

JEAN, à la porte de la boutique et criant.
Dans l'instant... on a été le chercher, on va vous le montrer. (Parcourant le théâtre.) Ça me fait mal... ça me fait bouillir le sang...

PLUSIEURS GARÇONS, rentrant par la droite.
Nous ne l'avons pas trouvé.

D'AUTRES GARÇONS, redescendant du magasin.
Ni nous non plus... il n'est pas dans la maison.

LE PEUPLE, en dehors, avec des murmures.
Burkenstaff!... Burkenstaff!...

JEAN.
Voilà qu'on s'impatiente, qu'on murmure; et après avoir crié pour lui, on va crier après lui... Où peut-il être?

MARTHE.
Est-ce qu'on l'aurait arrêté de nouveau?

JEAN.
Laissez donc! après les promesses qu'on nous a faites? (Se frappant le front.) Ah! mon Dieu!... ces soldats que j'ai vus rôder autour de la maison... (Courant au fond.) Et la musique du triomphe qui va toujours!... Taisez-vous donc... Il me vient une idée... c'est une horreur... une infamie!...

MARTHE.
Qu'est-ce qui lui prend donc?

JEAN, s'adressant à une douzaine de gens du peuple.
Oui, mes amis, oui, on s'est emparé de notre maître... on s'est assuré de sa personne; et pendant qu'on vous trompait par de belles paroles... il était arrêté... emprisonné de nouveau... A nous, les amis!

Marthe, Jean, des gens du peuple qui sont entrés pendant que d'autres restent au fond.

LE PEUPLE, se précipitant dans la boutique en brisant les vitrages du fond.

Nous voici!... Vive Burkenstaff!... notre chef... notre ami...

MARTHE.

Votre ami... et vous brisez sa boutique!

JEAN.

Il n'y a pas de mal! c'est de l'enthousiasme! et des carreaux cassés... Courons au palais!

TOUS.

Au palais! au palais!

RANTZAU, paraissant au haut de l'escalier et regardant ce qui se passe.

A la bonne heure, au moins... cela recommence.

TOUS, agitant leurs bannières et leurs bonnets.

A bas Struensée! Vive Burkenstaff! qu'on nous le rende! Burkenstaff pour toujours!

(Tout le peuple sort en désordre avec Jean. Marthe tombe désespérée dans le fauteuil qui est près du comptoir, et Rantzau descend lentement l'escalier en se frottant les mains de satisfaction. La toile tombe.)

ACTE TROISIÈME.

Un appartement dans l'hôtel du comte de Falkenskield. — A gauche, un balcon donnant sur la rue. — Porte au fond, deux latérales. — A gauche, sur le premier plan, une table, des livres, et ce qu'il faut pour écrire.

SCÈNE I.

CHRISTINE, LE BARON DE GOELHER.

CHRISTINE.

Eh! mais, monsieur le baron, qu'est-ce que cela signifie? qu'y a-t-il donc encore de nouveau?

GOELHER.

Rien, mademoiselle.

CHRISTINE.

Le comte de Struensée vient de s'enfermer dans le cabinet de mon père; ils ont envoyé chercher M. de Rantzau. A quoi bon cette réunion extraordinaire; il y a déja eu conseil ce matin, et tantôt ces messieurs doivent se trouver ici à dîner.

GOELHER.

Je l'ignore, mais il n'y a rien d'important, rien de sérieux... sans cela j'en aurais été prévenu; ma nouvelle place de secrétaire du conseil m'oblige d'assister à toutes les délibérations.

CHRISTINE.

Ah! vous êtes nommé?

GOELHER.

De ce matin!.. sur la proposition de votre père, et la reine a déja confirmé ce choix. Je viens de la voir ainsi que toutes ces dames, encore un peu troublées de l'algarade de ces bons bourgeois... On craignait d'abord que cela ne dérangeât le bal de demain; grace au ciel, il n'en est rien; il m'est même venu là-dessus quelques plaisanteries assez heureuses qui ont obtenu l'approbation de sa majesté, et elle a fini par rire de la manière la plus aimable.

CHRISTINE.

Ah! elle a ri!

GOELHER.

Oui, mademoiselle, tout en me félicitant de ma nomination et de mon mariage... et elle m'a dit à ce sujet des choses... (Souriant avec fatuité.) qui donneraient beaucoup à penser à ma vanité, si j'en avais... (A part.) car enfin Struensée ne sera pas éternel... (Haut.) mais je n'y pense plus... Me voilà lancé dans les affaires d'état, les affaires sérieuses, pour lesquelles j'ai toujours eu du goût... oui, mademoiselle; il ne faut pas croire, parce que vous me voyez léger et frivole, que je ne puisse pas aussi bien que tout autre... mon Dieu! on peut traiter tout cela en se jouant, en plaisantant... que j'arrive seulement au pouvoir, et l'on verra!

CHRISTINE.

Vous au pouvoir!...

GOELHER.

Certainement, je puis vous le dire, à vous, en confidence, cela ne tardera peut-être pas. Il faut que le Danemarck se rajeunisse... c'est l'avis de la reine, de Struensée, de votre père... et si l'on peut éliminer ce vieux comte de Rantzau, qui n'est plus bon à rien, et que l'on garde parceque son ancienne réputation d'habileté impose encore aux cours étrangères... j'ai la promesse formelle d'être nommé à sa place, et vous sentez que M. de Falkenskield et moi... le beau-père et le gendre à la tête des affaires... nous mènerons cela autrement... Ce matin, par exemple, je les voyais tous effrayés, cela me faisait sourire; si l'on m'avait laissé faire, je vous réponds bien qu'en un instant...

CHRISTINE, écoutant.

Taisez-vous!

GOELHER.

Qu'est-ce donc?

CHRISTINE.

Il m'avait semblé entendre dans le lointain des cris confus.

GOELHER.

Vous vous trompez.

CHRISTINE.

C'est possible.

ACTE III, SCÈNE I.

GOELHER.

Des gens du peuple qui se disputent... ou se battent dans la rue; ne voulez-vous pas les priver de ce plaisir-là! ce serait cruel, ce serait tyrannique; et nous avons à parler de choses bien plus importantes, de notre mariage, dont je n'ai pas encore pu vous dire un mot, et du bal de demain, et de la corbeille, qui ne sera peut-être pas achevée... car je ne vois que cela de terrible dans les émeutes et les révoltes, c'est que les ouvriers nous font attendre, et que rien n'est prêt.

CHRISTINE.

Ah! vous n'y voyez que cela de fâcheux... vous êtes bien bon... moi qui ce matin me suis trouvée au milieu du tumulte,..

GOELHER.

Est-il possible!

CHRISTINE.

Oui, monsieur; et sans le courage et la générosité de M. Éric Burkenstaff qui m'a protégée et reconduite jusqu'ici...

GOELHER.

M. Éric!... et de quoi se mêle-t-il? et depuis quand lui est-il permis de vous protéger?... voilà, à coup sûr, une prétention encore plus étrange que celle de monsieur son père.

JOSEPH, entrant et restant au fond.

Une lettre pour monsieur le baron.

GOELHER.

De quelle part?

JOSEPH.

Je l'ignore... celui qui l'a apportée est un jeune militaire, un officier, qui attend en bas la réponse.

CHRISTINE.

C'est quelque rapport sur ce qui se passe.

GOELHER.

Probablement... (Lisant.) « Je porte une épau-« lette; monsieur le baron de Gœlher ne peut « plus me refuser une satisfaction qu'il me faut à « l'instant. Quoique insulté, je lui laisse le choix « des armes et l'attends aux portes de ce palais « avec des pistolets et une épée. — Éric Bur-« KENSTAFF, Lieutenant au 6.° d'infanterie. » (A part.) Quelle insolence!

CHRISTINE.

Eh bien!... qu'y a-t-il?

GOELHER.

Ce n'est rien! (Au domestique.) Laissez-nous. dites que plus tard... je verrai... (A part.) Encore une leçon à donner!

CHRISTINE.

Vous voulez me le cacher... il y a quelque chose... il y a du danger... j'en suis sûre à votre trouble.

GOELHER.

Moi, troublé!

CHRISTINE.

Eh bien! montrez-moi ce billet et je vous croirai.

GOELHER.

Impossible, vous dis-je!

CHRISTINE, se retournant et apercevant Koller.

Le colonel Koller! il sera moins discret, je l'espère, et je saurai par lui...

SCÈNE II.
CHRISTINE, GOELHER, KOLLER.

CHRISTINE.

Parlez, colonel; qu'y a-t-il?

KOLLER.

Que l'insurrection que l'on croyait apaisée recommence avec plus de force que jamais.

CHRISTINE, à Gœlher.

Vous le voyez... (A Koller.) Et comment cela?

KOLLER.

On accuse la cour, qui avait promis la liberté de Burkenstaff, de l'avoir fait disparaître pour s'exempter de tenir cette promesse.

GOELHER.

Eh! mais, ce ne serait pas déjà si maladroit!

CHRISTINE.

Y pensez-vous?

(Elle court à la croisée, qu'elle ouvre, et regarde, ainsi que Goelher.)

KOLLER, à part et seul sur le devant.

En attendant, nous en avons profité pour soulever le peuple. Herman et Christian, mes deux émissaires, se sont chargés de ce soin, et j'espère que la reine-mère sera contente. Nous voilà sûrs de réussir sans que ce maudit comte de Rantzau y soit pour rien.

CHRISTINE, regardant à la fenêtre.

Voyez, voyez là-bas! la foule se grossit et s'augmente; ils entourent le palais, dont on vient de fermer les portes... Ah! cela me fait peur!

(Elle referme la fenêtre.)

GOELHER.

C'est-à-dire que c'est inouï!... Et vous, colonel, vous restez là?

KOLLER.

Je viens prendre les ordres du conseil, qui m'a fait appeler, et j'attends.

GOELHER.

Mais c'est qu'on devrait se hâter... La reine et toutes ces dames vont être effrayées, j'en suis certain... et l'on ne pense à rien... on devrait prendre des mesures.

CHRISTINE.

Et lesquelles?

GOELHER, troublé.

Lesquelles?... Il doit y en avoir... il est impossible qu'il n'y en ait pas!

CHRISTINE.

Mais enfin, vous, monsieur, que feriez-vous?

GOELHER, perdant la tête.

Moi!... Écoutez donc... vous me demandez là à l'improviste... Je ne sais pas.

CHRISTINE.
Mais vous disiez tout-à-l'heure...

GOELHER.
Certainement... si j'étais ministre... mais je ne le suis pas... je ne le suis pas encore... cela ne me regarde pas; et il est inconcevable que les gens qui sont à la tête des affaires... des gens qui devraient gouverner... que diable! dans ce cas-là, on ne s'en mêle pas... Voilà mon avis... c'est le seul... et si j'étais de la reine, je leur apprendrais..

SCÈNE III.
CHRISTINE, GOELHER; RANTZAU, entrant par la porte du fond; KOLLER.

GOELHER, courant à lui avec empressement.
Ah! monsieur le comte, venez rassurer mademoiselle, qui est dans un effroi... j'ai beau lui répéter que ce ne sera rien, elle est toute émue, toute troublée

RANTZAU, froidement et le regardant.
Et vous partagez bien vivement ses peines... cela doit être... en amant bien épris. (Apercevant Koller.) Ah! vous voilà, colonel!

KOLLER.
Je viens prendre les ordres du conseil.

GOELHER, vivement.
Qu'a-t-il décidé?

RANTZAU, froidement.
On a beaucoup parlé, délibéré; Struensée voulait qu'on entrât en arrangement avec le peuple.

GOELHER, vivement et avec approbation.
Il a raison! pourquoi l'a-t-on mécontenté?

RANTZAU.
M. de Falkenskield, qui est pour l'énergie, voulait d'autres arguments; il voulait faire avancer de l'artillerie.

GOELHER, de même.
Au fait! c'est le moyen d'en finir; il n'y a que celui-là.

RANTZAU.
Moi, j'étais d'un avis qui a d'abord été généralement repoussé, et qui forcément a fini par prévaloir.

KOLLER, CHRISTINE et GOELHER.
Et quel est-il?

RANTZAU, froidement.
De ne rien faire... c'est ce qu'ils font.

GOELHER.
Ils n'ont peut-être pas tort, parcequ'enfin, quand le peuple aura bien crié...

RANTZAU.
Il se lassera.

GOELHER.
C'est ce que j'allais dire.

KOLLER.
Il fera comme ce matin.

RANTZAU, s'asseyant.
Oh! mon Dieu, oui.

GOELHER, se rassurant.
N'est-il pas vrai?... Il brisera les vitres, et voilà tout.

KOLLER.
C'est ce qu'ils ont déjà fait à tous les hôtels des ministres. (A Gœlher.) Ainsi qu'au vôtre, monsieur.

GOELHER.
Eh bien! par exemple!

RANTZAU.
Quant au mien, je suis tranquille; je les en défie bien.

GOELHER.
Et pourquoi cela?

RANTZAU.
Parceque depuis la dernière émeute, je n'ai pas fait remettre un seul carreau aux fenêtres de mon hôtel. Je me suis dit: Ça servira pour la première fois.

CHRISTINE, écoutant près de la fenêtre.
Cela se calme, cela s'apaise un peu*.

GOELHER.
J'en étais sûr! Il ne faut pas s'effrayer de toutes ces clameurs-là. Et qu'en dit mon oncle, le ministre de la marine?

RANTZAU, froidement.
Nous ne l'avons pas vu. (Avec ironie.) Son indisposition, qui n'était que légère, a pris depuis les derniers troubles un caractère assez grave. C'est comme une fatalité; dès qu'il y a émeute, il est au lit, il est malade!

GOELHER, avec intention.
Et vous, vous vous portez bien?

RANTZAU, souriant.
C'est peut-être ce qui vous fâche. Il y a des gens que ma santé met de mauvaise humeur et qui voudraient me voir à l'extrémité.

GOELHER.
Eh! qui donc?

RANTZAU, toujours assis et d'un air goguenard.
Eh! mais, par exemple, ceux qui espèrent hériter de moi.

GOELHER.
Il y en a qui pourraient hériter de votre vivant.

RANTZAU, le regardant froidement.
Monsieur de Gœlher, vous qui, en qualité de conseiller, avez fait votre droit, avez-vous lu l'article 302 du Code danois?

GOELHER.
Non, monsieur.

RANTZAU, de même.
Je m'en doutais. Il dit qu'il ne suffit pas qu'une succession soit ouverte; il faut encore être apte à succéder.

GOELHER.
Et à qui s'adresse cet axiome?

* Koller quitte la droite du théâtre, remonte et va à gauche regarder à la fenêtre, ainsi que Christine. — Christine, Koller, près du balcon; Gœlher debout, Rantzau à droite s'asseyant.

ACTE III, SCENE III.

RANTZAU, *de même.*
A ceux qui manquent d'aptitude.
GOELHER.
Monsieur, vous le prenez bien haut!
RANTZAU, *se levant et sans changer de ton.*
Pardon!... Allez-vous demain au bal de la reine?
GOELHER, *avec colère.*
Monsieur!...
RANTZAU.
Dansez-vous avec elle?... Les quadrilles sont-ils de votre composition?
GOELHER.
Je saurai ce que signifie ce persiflage!
RANTZAU.
Vous m'accusiez de le prendre trop haut!... Je descends; je me mets à votre portée.
GOELHER.
C'en est trop!
CHRISTINE, *près de la croisée.*
Taisez-vous donc! je crois que cela recommence*.
GOELHER, *avec effroi et remontant le théâtre.*
Encore! Est-ce que cela n'en finira pas?... c'est insupportable!
CHRISTINE.
Ah! mon Dieu! tout est perdu!... Ah! mon père!...

ooooooooooooooooooooooooooooooooooooooooooooooo

SCÈNE IV.

KOLLER, *à l'extrémité du théâtre, à gauche;* GOELHER, CHRISTINE, FALKENS-KIELD, RANTZAU, *à l'extrémité, à droite.*

FALKENSKIELD.
Rassurez-vous! ces cris que l'on entend dans le lointain n'ont plus rien d'effrayant.
GOELHER.
Je le disais bien!... cela ne pouvait pas durer!
CHRISTINE.
Tout est donc terminé?
FALKENSKIELD.
Pas encore! mais cela va mieux.
RANTZAU *et* KOLLER, *chacun à part, et d'un air fâché.*
Ah! mon Dieu!...
FALKENSKIELD.
On avait beau répéter à la multitude que l'on n'avait pas attenté à la liberté de Burkenstaff, que lui-même, sans doute par prudence ou par modestie, avait voulu se dérober aux honneurs qu'on lui préparait, et se soustraire à tous les regards...
RANTZAU.
Au moment d'un triomphe, ce n'est guère vraisemblable.
FALKENSKIELD.
Je ne dis pas non; aussi on aurait eu peut-être de la peine à convaincre ses partisans, sans l'arrivée d'un régiment d'infanterie, sur lequel nous ne comptions pas, et qui, pour se rendre à sa nouvelle garnison, traversait Copenhague tambour battant et enseignes déployées. Sa présence inattendue a changé la disposition des esprits; on a commencé à s'entendre, et, sur les assurances réitérées qu'on ne négligerait rien pour rechercher et découvrir Raton Burkenstaff, chacun s'est retiré chez soi, excepté quelques individus qui semblaient prendre à tâche d'exciter et de continuer le désordre.
KOLLER, *à part.*
Ce sont les nôtres!
FALKENSKIELD.
On s'en est emparé.
KOLLER, *à part.*
O ciel!
FALKENSKIELD.
Et comme, cette fois, il faut en finir...
GOELHER.
C'est ce que je répète depuis ce matin.
FALKENSKIELD.
Comme il ne faut plus que de pareilles scènes se renouvellent, nous sommes décidés à prendre des mesures sévères.
RANTZAU.
Quels sont ceux qu'on est parvenu à saisir?
FALKENSKIELD.
Des gens obscurs, inconnus...
KOLLER.
Sait-on leurs noms?
FALKENSKIELD.
Herman et Christian.
KOLLER, *à part.*
Les maladroits!
FALKENSKIELD.
Vous comprenez que ces misérables n'agissaient pas d'eux-mêmes, qu'ils avaient reçu des instructions et de l'argent; et ce qu'il nous importe de savoir, ce sont les gens qui les font agir.
RANTZAU, *regardant Koller.*
Les nommeront-ils?
FALKENSKIELD.
Sans doute! leur grâce s'ils parlent, et fusillés s'ils se taisent. (A Rantzau.) Je viens vous prendre pour les interroger et arriver par là à la découverte d'un complot...
KOLLER, *s'avançant vers Falkenskield.*
Dont je crois tenir déjà quelques ramifications.
FALKENSKIELD.
Vous, Koller!
KOLLER.
Oui, monseigneur. (A part.) Il n'y a que ce moyen de me sauver.

Goelher et Christine remontent en ce moment le théâtre en causant à voix basse.

---
* Elle redescend le théâtre. — Koller, Christine, Goelher, Rantzau.

BERTRAND.

RANTZAU.
Et pourquoi ne pas nous avoir fait part plus tôt de vos lumières à ce sujet?
KOLLER.
Je n'ai de certitude que d'aujourd'hui, et je m'étais empressé d'accourir. J'attendais la fin du conseil pour parler au comte Struensée; mais, puisque vous voilà, messeigneurs...
FALKENSKIELD.
C'est bien... nous sommes prêts à vous entendre.
CHRISTINE, qui était au fond avec Gœlher, a redescendu le théâtre de quelques pas.
Je me retire, mon père.
FALKENSKIELD.
Oui, pour quelques instants.
CHRISTINE.
Messieurs...
(Elle leur fait la révérence, sort par la porte à gauche; Gœlher la reconduit par la main jusque là, et se dispose à sortir par le fond.)

SCÈNE V.
KOLLER, GŒLHER, FALKENSKIELD, RANTZAU.

FALKENSKIELD, à Gœlher qui veut se retirer.
Restez, mon cher; comme secrétaire du conseil, vous avez droit d'assister à cette séance.
RANTZAU, gravement.
Où vos talents et votre expérience nous seront d'un grand secours... (A part et regardant Koller.) Notre homme a l'air assez embarrassé; en tout cas, veillons sur lui et tâchons qu'il se tire de là sans compromettre ni la reine-mère, ni des amis qui plus tard peuvent servir.
(Pendant cet aparté, Gœlher et Falkenskield ont pris des chaises et se sont assis à droite du théâtre.)
FALKENSKIELD.
Parlez, colonel... donnez-nous toujours les renseignements qui sont en votre pouvoir et que plus tard nous communiquerons au conseil.
(Koller est debout à gauche; puis Gœlher, Falkenskield et Rantzau sont assis à droite.)
KOLLER, cherchant ses phrases.
Depuis long-temps, messieurs, je soupçonnais contre la reine Mathilde et les membres de la régence un complot que plusieurs indices me faisaient pressentir, mais dont je ne pouvais obtenir aucune preuve réelle. Pour y parvenir, j'ai tâché de gagner la confiance de quelques uns des principaux chefs; je me suis plaint, j'ai fait le mécontent, je leur ai laissé voir que je n'étais pas éloigné de conspirer; je leur ai même proposé de le faire.
GŒLHER.
C'est ce qui s'appelle de l'adresse...
RANTZAU, froidement.
Oui, ça peut s'appeler comme cela... si on veut.

KOLLER, à Falkenskield.
Ma ruse a obtenu le succès que je désirais, car ce matin on est venu me proposer d'entrer dans un complot qui aura lieu ce soir même... pendant le dîner que vous devez donner aux ministres, vos collègues.
GŒLHER.
Voyez-vous cela!...
KOLLER.
Les conjurés doivent s'introduire dans l'hôtel, sous divers déguisements, et, pénétrant dans la salle à manger, s'emparer de tout ce qu'ils y trouveront.
FALKENSKIELD.
Est-il possible?
GŒLHER.
Même de ceux qui ne sont pas ministres?... quelle horreur!... (A Rantzau.) Et vous ne frémissez point!...
RANTZAU, froidement.
Pas encore. (A Koller.) Êtes-vous bien sûr, colonel, de ce que vous nous dites là?
KOLLER.
J'en suis sûr... c'est-à-dire... je suis sûr qu'on me l'a proposé... et je m'empressais de vous en prévenir...
RANTZAU, cherchant à l'aider.
C'est bien... mais vous ne connaissez pas les gens qui vous ont fait cette proposition?
KOLLER.
Si vraiment... Ce sont Herman et Christian, ceux-là même que l'on vient d'arrêter... et qui ne manqueront pas de s'en défendre... ou de m'accuser... mais, par bonheur... j'ai là des preuves; cette liste écrite... sous leur dictée.
FALKENSKIELD, la prenant vivement.
La liste des conjurés...
(Il la parcourt.)
RANTZAU, avec compassion et à part.
D'honnêtes conspirateurs sans doute... pauvres gens!... Fiez-vous donc à des lâches comme celui-là... qui au premier danger vous livrent pour se sauver.
FALKENSKIELD, lui remettant la liste.
Tenez... Eh bien! qu'en dites-vous?
RANTZAU.
Je dis que je ne vois dans tout cela rien encore de bien positif. Tout le monde peut faire une liste de conjurés; cela ne prouve pas qu'il y ait conspiration! Il faut en outre un but; il faut un chef.
FALKENSKIELD.
Et ne voyez-vous pas que le chef... c'est la reine-mère, c'est Marie-Julie?
RANTZAU.
Rien ne le démontre; et à moins que le colonel... (appuyant.) n'ait des preuves... positives... personnelles...
KOLLER.
Non, monseigneur.

RANTZAU, à part.

C'est bien heureux! voilà la première fois que cet imbécile-là m'a compris!

GOELHER.

Alors cela devient très délicat.

RANTZAU.

Sans doute. (Montrant la liste.) Il y a là des gens de distinction, des gens de naissance... Les condamnerez-vous de confiance, et sur parole, parce qu'il a plu à messieurs Herman et Christian de faire une confidence à monsieur Koller, confidence, du reste, fort bien placée... Mais enfin, et monsieur le baron, qui connaît les lois, vous dira comme moi, que là (avec intention) où il n'y a point commencement d'exécution, il n'y a pas de coupable.

GOELHER.

C'est juste!

FALKENSKIELD se lève vivement, Rantzau en fait autant.

Eh bien!... laissons-leur exécuter leur complot... Que rien ne transpire, colonel, de l'avis que vous venez de nous faire; que rien ne soit changé à ce repas, qu'il ait toujours lieu; que des soldats soient cachés dans l'hôtel, dont les portes resteront ouvertes.

RANTZAU, à part.

Et allons donc!... on a bien de la peine à lui faire arriver une idée.

FALKENSKIELD.

Et dès qu'un des conjurés se présentera, qu'on le laisse entrer, et qu'un instant après l'on s'en empare. Sa présence chez moi à une pareille heure, les armes dont il sera muni, seront, j'espère, des preuves irrécusables.

RANTZAU.

À la bonne heure!

GOELHER, avec finesse.

Je comprends votre idée... mais maintenant que nous les tenons, si par malheur ils ne venaient pas?

RANTZAU.

C'est qu'on aura trompé le colonel; c'est qu'il n'y avait ni conjuration, ni conjurés.

FALKENSKIELD, haussant les épaules.

Laissez donc!

(Il va à la table à gauche et écrit pendant que Koller redescend le théâtre et se tient au milieu un peu au fond.)

RANTZAU, à part.

Et il n'y en aura pas; faisons prévenir la reine-mère qu'ils sont à rester chez eux. (Encore une conspiration tombée dans l'eau! (Regardant Koller.) C'est lui qui les trahit, et c'est moi qui les sauve! (Haut.) Adieu, messieurs, je retourne près de Struensée.

Ils restent placés dans le même ordre : Koller, Goelher, Falkenskield, Rantzau.

Goelher debout près de la table, Falkenskield écrivant, Koller au milieu, Rantzau à droite.

FALKENSKIELD, qui pendant ce temps s'est assis à la table et écrit un ordre.

(A Goelher.) Cet ordre au gouverneur... (A Rantzau.) Vous nous reverrez, je l'espère.

RANTZAU.

Je le crois bien; je ne peux plus maintenant dîner ailleurs que chez vous; j'y suis engagé d'honneur; je vais seulement rendre compte à son excellence de la belle conduite du colonel Koller; car enfin, si ces braves gens-là ne sont pas arrêtés, ce n'est pas sa faute... il aura fait tout ce qu'il fallait pour cela, et on lui doit une récompense.

FALKENSKIELD.

Qu'il aura.

RANTZAU, avec intention.

S'il y a une justice sur terre... je m'en chargerais plutôt.

KOLLER, troublant.

Monsieur le comte, quels remercîments...

RANTZAU, avec dépit.

Oui, vous m'en devriez peut-être, mais je vous en dispense.

(Il sort.)

KOLLER, à part, redescendant le théâtre.

Maudit homme! on ne sait jamais s'il est pour ou contre vous. (Saluant.) Messieurs...

GOELHER.

Je vous suis, colonel. (A Falkenskield.) Cet ordre au gouverneur; et je cours raconter à la reine ce que nous avons décidé et ce que nous avons fait.

(Il sort avec Koller, par la porte du fond.)

SCÈNE VI.

FALKENSKIELD, seul, riant en lui-même.

Tous ces gens-là sont faibles, irrésolus; et si on ne les menait pas... ce comte de Rantzau surtout, ne voyant de coupables nulle part, et n'osant condamner personne; flottant, indécis, bon homme du reste, qui nous cédera volontiers sa place dès qu'il nous la faudra pour mon gendre... et ce ne sera pas long.

SCÈNE VII.

CHRISTINE, sortant de la porte à gauche, FALKENSKIELD.

CHRISTINE.

Descendez-vous au salon, mon père?

FALKENSKIELD.

Oui, dans l'instant.

CHRISTINE.

A la bonne heure, car vos convives vont arriver; et quand vous me laissez seule pour faire les honneurs, c'est si pénible! aujourd'hui surtout, où je ne me sens pas bien.

Goelher, Falkenskield, Koller.

FALKENSKIELD.
Et pourquoi?
CHRISTINE.
Sans doute les émotions de la journée.
FALKENSKIELD.
S'il en est ainsi, rassure-toi; je te dispense de descendre au salon, et même d'assister à ce dîner.
CHRISTINE.
Dites-vous vrai?
FALKENSKIELD.
Je l'aime mieux, parce qu'il pourrait arriver tel événement... et au milieu de tout cela une femme s'effraie, se trouve mal...
CHRISTINE.
Que voulez-vous dire?
FALKENSKIELD.
Rien; tu n'as pas besoin de savoir...
CHRISTINE.
Parlez, parlez sans crainte... je devine... ce repas avait pour but de célébrer des fiançailles, qui seront différées, qui peut-être même n'auront pas lieu; et si c'est là ce que vous redoutez de m'apprendre...
FALKENSKIELD, froidement.
Du tout, le mariage aura lieu.
CHRISTINE.
O ciel!
FALKENSKIELD, lentement et la regardant.
Rien n'est changé; et à ce sujet, ma fille, un mot...
CHRISTINE, baissant les yeux.
Je vous écoute, monsieur.
FALKENSKIELD.
Les affaires d'état n'absorbent pas tellement mes pensées que je n'aie encore le loisir d'observer ce qui se passe chez moi; et, il y a quelque temps, j'ai cru m'apercevoir qu'un jeune homme sans naissance, un homme de rien, à qui mes bontés avaient donné accès dans cette maison, osait en secret vous aimer... (Mouvement de Christine.) Le saviez-vous, Christine?
CHRISTINE.
Oui, mon père.
FALKENSKIELD.
Je l'ai congédié; et, quels que soient ses talents, son mérite personnel, que je vous ai entendue élever beaucoup trop haut... je vous déclare ici, et vous savez si mes résolutions sont fortes et énergiques, que, mon existence dût-elle en dépendre, je ne consentirais jamais...
CHRISTINE.
Rassurez-vous, mon père; je sais que l'idée seule d'une mésalliance ferait le malheur de votre vie, et, je vous le promets, ce n'est pas vous qui serez malheureux!
FALKENSKIELD prend la main de sa fille, puis, après un instant de silence, lui dit:
Voilà le courage que je te voulais... Je te laisse... je t'excuserai près de ces messieurs; je leur dirai que tu es souffrante, indisposée, et je crains que ce ne soit la vérité; reste là dans ton appartement; et, quoi qu'il arrive ce soir, quelque bruit que tu puisses entendre, garde-toi d'en sortir... Adieu.
(Il sort.)

SCÈNE VIII.

CHRISTINE, seule, laissant éclater ses larmes.

Ah!... il est parti!... je peux enfin pleurer!... pauvre Éric! tant de dévouement, tant d'amour, c'est ainsi qu'il en sera récompensé!... l'oublier! et pour qui? mon Dieu! que le ciel est injuste! pourquoi ne lui a-t-il pas donné le rang et la naissance dont il était digne! alors il m'eût été permis d'aimer les vertus qui brillent en lui, alors on eût approuvé mon choix... tandis que maintenant y penser même est un crime!... mais ce jour du moins m'appartient encore, je ne me suis pas donnée, je suis libre, et puisque je ne dois plus le revoir...

SCÈNE IX.

CHRISTINE; ÉRIC, enveloppé d'un manteau et entrant par la porte à droite.

ÉRIC, entrant vivement.
Ils ont perdu mes traces.
CHRISTINE.
O ciel!
ÉRIC, se retournant.
Ah! Christine!
CHRISTINE.
Qui vous amène? d'où vous vient tant d'audace? et de quel droit, monsieur, osez-vous pénétrer jusqu'ici?
ÉRIC.
Pardon! pardon mille fois!... tout-à-l'heure, au moment où, couvert de ce manteau, je me glissais dans l'hôtel, des gens que je ne crois pas être de la maison se sont élancés sur moi; je me suis dégagé de leurs mains; et, connaissant mieux qu'eux les détours de cet hôtel, je suis arrivé jusqu'à cet escalier, d'où je n'ai plus entendu le bruit de leurs pas.
CHRISTINE.
Mais dans quel dessein vous introduire ainsi dans la maison de mon père? pourquoi ce mystère? ce manteau... ces armes que j'aperçois? parlez, monsieur, je le veux... je l'exige!
ÉRIC.
Demain je pars; le régiment où je sers quitte le Danemarck... J'ai adressé à M. de Gœlher un billet qui demandait une prompte réponse; et comme elle n'arrivait pas, je suis venu la chercher.
CHRISTINE.
O ciel!... un défi... j'en suis sûre! le délire vous égare! vous allez vous perdre!

ACTE III, SCÈNE IX.

ÉRIC.

Qu'importe! si j'empêche votre mariage! Je ne connais que ce moyen, je n'en ai pas d'autre.

CHRISTINE.

Éric!... si j'ai sur vous quelque pouvoir, vous ne repousserez pas ma prière, vous renoncerez à votre projet, vous n'irez pas insulter M. de Gœlher et provoquer un éclat terrible pour vous... et pour moi, monsieur!... oui, c'est ma réputation que je vous confie, que je remets sous la sauvegarde de votre honneur... Ai-je tort d'y compter?

ÉRIC.

Ah! que me demandez-vous?... de vous sacrifier tout... jusqu'à ma vengeance!... et vous seriez à un autre! et vous appartiendriez à celui que j'aurais épargné!...

CHRISTINE.

Non... je vous le jure!

ÉRIC.

Que dites-vous?

CHRISTINE.

Que si vous vous rendez à mes prières, je refuserai ce mariage, je resterai libre; je veux l'être... oui, je vous le jure ici, je n'appartiendrai ni à M. de Gœlher ni à vous.

ÉRIC.

Christine!

CHRISTINE.

Vous connaissez maintenant tout ce qui se passe dans mon cœur; nous ne nous verrons plus, nous serons séparés; mais vous saurez du moins que vous n'êtes pas seul à souffrir, et que, ne pouvant être à vous, je ne serai à personne.

ÉRIC, avec joie.

Ah! je ne puis y croire encore.

CHRISTINE.

Partez maintenant... depuis trop long-temps déjà vous êtes en ces lieux; n'exposez pas les seuls biens qui me restent, mon honneur, ma réputation; je n'ai plus que ceux-là, et, s'il fallait les perdre ou les voir compromis... j'aimerais mieux mourir!

ÉRIC.

Et moi, plutôt perdre la vie que de vous exposer au moindre soupçon; ne craigniez rien, je m'éloigne. (Il ouvre la porte à droite par laquelle il est entré.) O ciel! il y a des soldats au bas de cet escalier.

CHRISTINE.

Des soldats!

ÉRIC, montrant la porte du fond.

Mais par ici du moins...

CHRISTINE, le retenant.

Non pas... entendez-vous ce bruit? (Écoutant près de la porte du fond.) On monte... c'est la voix de mon père... plusieurs voix lui répondent... ils viennent tous... et si l'on vous trouve ici, seul avec moi, je suis perdue!

ÉRIC.

Perdue!... oh non! je vous en réponds aux dépens de mes jours! (Montrant la porte à gauche.) Là.
(Il s'y précipite.)

CHRISTINE.

O ciel! mon appartement!

(La porte s'est refermée; Christine entend monter par la porte du fond, elle s'élance vers la table à gauche, y prend un livre et s'assied.)

~~~~~~~~~~~~~~~~~~~~~~~~~~~~~~~~~~~~

SCÈNE X.

CHRISTINE, GŒLHER, FALKENSKIELD, KOLLER, un peu au fond, avec quelques soldats; RANTZAU, PLUSIEURS SEIGNEURS ET DAMES; DES SOLDATS qui restent au fond, en dehors.

FALKENSKIELD.

Cet endroit de l'hôtel est le seul qu'on n'ait pas visité; ils ne peuvent être qu'ici.

CHRISTINE.

Eh! mon Dieu, qu'y a-t-il?

GŒLHER.

Un complot tramé contre nous.

FALKENSKIELD.

Et dont je voulais t'éviter la connaissance; un homme s'est introduit dans l'hôtel.

GŒLHER.

Les gardes qui étaient postés dans la première cour disent en avoir vu se glisser trois.

RANTZAU.

D'autres disent en avoir vu sept!... de sorte qu'il pourrait bien n'y avoir personne.

FALKENSKIELD.

Il y en avait au moins un, et il était armé; témoin le pistolet qu'il a laissé tomber dans la seconde cour en s'enfuyant; du reste, et si, comme je le pense, il a cherché asile dans ce pavillon, il n'a pu y pénétrer que par cet escalier dérobé, et je suis étonné que tu ne l'aies pas vu.

CHRISTINE, avec émotion.

Non, vraiment.

FALKENSKIELD.

Où que du moins tu n'aies rien entendu.

CHRISTINE, dans le plus grand trouble.

Tout-à-l'heure, en effet, et pendant que j'étais à lire, j'ai cru entendre traverser cette pièce; on se dirigeait vers le salon, et c'est là sans doute...

GŒLHER.

Impossible, nous en venons; et s'il n'y avait pas des soldats au bas de cet escalier, je croirais qu'il y est encore.

FALKENSKIELD.

Peut-être bien!... voyez, Koller.

(Faisant signe à deux soldats, qui ouvrent la porte à droite et disparaissent avec Koller *.)

RANTZAU, à part, sur le devant du théâtre à droite.

Quelque maladroit, quelque conspirateur en retard qui n'aura pas reçu contre-ordre et qui sera venu seul au rendez-vous!

---

* Christine, Gœlher, Falkenskield, Rantzau.

KOLLER, rentrant et restant au fond.
Personne!

RANTZAU, à part.
Tant mieux!

KOLLER.
Et je ne conçois pas par quel hasard ils ont changé de plan.

RANTZAU, à part, souriant.
Le hasard! les sots y croient tous!

FALKENSKIELD, à Gœlher et à quelques soldats, montrant l'appartement à gauche.
Il n'y a plus que cet appartement.

CHRISTINE.
Le mien! y pensez-vous?

FALKENSKIELD.
N'importe, entrez-y!

(Gœlher, Koller et quelques soldats se présentent à la porte de la chambre, qui s'ouvre tout-à-coup et Éric paraît.)

SCÈNE XI.

CHRISTINE, à gauche sur le devant du théâtre et s'appuyant sur la table qui est près d'elle; ÉRIC, qui vient d'ouvrir la porte à gauche; GOELHER, KOLLER, au milieu et un peu au fond; FALKENSKIELD et RANTZAU sur le devant, à droite.

TOUS, apercevant Éric.
O ciel!

CHRISTINE.
Je me meurs!

ÉRIC.
Me voici, je suis celui que vous cherchez.

FALKENSKIELD, avec colère.
Éric Burkenstaff dans l'appartement de ma fille!

GOELHER.
Au nombre des conjurés!

ÉRIC, regardant Christine qui est près de se trouver mal.
Oui, j'étais des conjurés! (Avec force et s'avançant au milieu du théâtre.) Oui, je conspirais!

TOUS.
Est-il possible!

KOLLER, redescendant le théâtre.
Et je n'en savais rien!...

RANTZAU.
Et lui aussi!

KOLLER, à part.
Il sait tout; s'il parle, je suis compromis.

(Pendant cet aparté Falkenskield a fait signe à Gœlher de se mettre à la table à gauche et d'y écrire. Il se retourne alors vers Éric, qu'il interroge.)

FALKENSKIELD.
Où sont vos complices? quels sont-ils?

ÉRIC.
Je n'en ai pas.

* Christine, toujours à l'extrémité du théâtre à gauche; Gœlher, qui passe près de la table et s'y asseoit; Falkenskield debout, qui lui dicte; Éric, au milieu et un peu sur le devant du théâtre; Koller, Rantzau, à l'extrémité à droite.

KOLLER, bas à Éric.
C'est bien!
(Il s'éloigne vivement. Éric le regarde avec étonnement et se rapproche de Rantzau.)

RANTZAU fait à Éric un geste de tête approbatif et dit
à part :
Ce n'est pas un lâche, celui-là.

FALKENSKIELD, à Gœlher.
Vous avez écrit? (Se retournant vers Éric.) Point de complices?... c'est impossible; les troubles dont votre père a été aujourd'hui la cause ou le prétexte, les armes que vous portiez, prouvent un projet dont nous avions déjà la connaissance; vous vouliez attenter à la liberté des ministres, à leurs jours peut-être; et ce projet, vous ne pouviez l'exécuter seul.

ÉRIC.
Je n'ai rien à répondre et vous ne saurez rien de moi, sinon que je conspirais contre vous; oui, je voulais briser le joug honteux sous lequel gémissent le roi et le Danemarck; oui, il est parmi vous des gens indignes du pouvoir, des lâches que j'ai déliés en vain.

GOELHER, toujours à la table.
Je donnerai là-dessus des explications au conseil.

FALKENSKIELD.
Silence, Gœlher! et puisque monsieur Éric convient qu'il était d'une conspiration...

ÉRIC, avec force.
Oui!

CHRISTINE, à Falkenskield.
Il vous trompe, il vous abuse.

ÉRIC.
Non, mademoiselle! ce que je dis, je dois le dire; je suis trop heureux de l'avouer tout haut, (avec intention et la regardant,) et de donner au parti que je sers ce dernier gage de dévouement.

KOLLER, bas à Rantzau.
C'est un homme perdu et son parti aussi **.

RANTZAU, à part et seul à la droite du spectateur ***.
Pas encore! c'est le moment, je crois, de délivrer Burkenstaff; maintenant qu'il s'agit de son fils, il faudra bien qu'il se montre de nouveau, et cette fois enfin...
(Il se retourne vers Falkenskield et Gœlher qui se sont approchés de lui ****.)

* Christine, Gœlher et Falkenskield toujours à la table; Éric, Rantzau, Koller qui a remonté le théâtre et descend se placer à l'extrémité à droite.

** Il remonte et reste au milieu du théâtre sur le deuxième plan.

*** Pendant cet aparté Falkenskield quitte la table et remonte au fond donner des ordres à Koller et aux soldats, puis il descend ainsi que Gœlher à la droite de Rantzau, au moment où celui-ci achève son aparté.

**** Position des acteurs: Christine, Éric, Gœlher, Falkenskield, Rantzau. — Koller derrière eux sur le deuxième plan.

FALKENSKIELD, donnant à Rantzau le papier que lui a remis Gœlher et s'adressant à Éric.

Telle est décidément votre déclaration?

ÉRIC.

Oui, j'ai conspiré; oui, je suis prêt à le signer de mon sang; vous ne saurez rien de plus.

(Gœlher, Falkenskield et Rantzau semblent à ce mot délibérer tous trois ensemble à droite. Pendant ce temps Christine, qui est à gauche près d'Éric, lui dit à voix basse :)

CHRISTINE.

Vous vous perdez, il y va de vos jours.

ÉRIC, de même.

Qu'importe? vous ne serez pas compromise, et je vous l'avais juré.

FALKENSKIELD, cessant de causer avec ses collègues et s'adressant à Koller et aux soldats qui sont derrière lui, leur dit en montrant Éric :

Assurez-vous de lui.

ÉRIC.

Marchons!

RANTZAU, à part.

Pauvre jeune homme! (Prenant une prise de tabac.) Tout va bien.

(Des soldats emmènent Éric par la porte du fond ; la toile tombe*.)

* Christine, à gauche et sur le devant de la salle; Éric au fond, emmené par des soldats; Koller, Gœlher, Falkenskield, au milieu du théâtre ; Rantzau sur le devant à droite.

ACTE QUATRIÈME.

L'appartement de la reine-mère dans le palais de Christianborg. Deux portes latérales. Porte secrète à gauche. — A droite, un guéridon couvert d'un riche tapis.

SCÈNE I.

LA REINE, seule, à droite, assise près du guéridon.

Personne! personne encore! Je suis d'une inquiétude que chaque instant redouble, et je ne conçois rien à ce billet adressé par une main inconnue. (Lisant.) « Malgré le contre-ordre « donné par vous, un des conjurés a été arrêté « hier soir dans l'hôtel de Falkenskield. C'est le « jeune Éric Burkenstaff. Voyez son père et « faites-le agir; il n'y a pas de temps à perdre. » Éric Burkenstaff arrêté comme conspirateur! Il était donc des nôtres! Pourquoi alors Koller ne m'en a-t-il pas prévenue? Depuis hier je ne l'ai pas vu; je ne sais pas ce qu'il devient. Pourvu que lui aussi ne soit pas compromis, lui, le seul ami sur lequel je puisse compter : car je viens de voir le roi; je lui ai parlé, espérant m'en faire un appui; mais sa tête est plus faible que jamais : à peine s'il a pu me comprendre ou me reconnaître. Et si ce jeune homme, intimidé par leurs menaces, nomme les chefs de la conspiration, s'il me trahit... Oh! non, il a du cœur, du courage. Mais son père! son père qui ne vient pas et qui maintenant est mon seul espoir! Je lui ai fait dire de m'apporter les étoffes que je lui avais commandées, et il a dû me comprendre; car à présent notre sort, nos intérêts sont les mêmes : c'est de notre accord que dépend le succès.

UN HUISSIER DE LA CHAMBRE, entrant.

Messire Raton Burkenstaff, le marchand, demande à présenter des étoffes à votre majesté.

LA REINE, vivement.

Qu'il entre! qu'il entre!

SCÈNE II.

LA REINE, RATON, MARTHE, portant des étoffes sous son bras; L'HUISSIER, qui reste au fond.

RATON.

Tu vois, femme, on ne nous a pas fait faire antichambre un seul instant; à peine arrivés, aussitôt introduits.

LA REINE.

Venez vite, je vous attendais.

RATON.

Votre majesté est trop bonne! Vous n'aviez fait demander que moi; j'ai pris la liberté d'amener ma femme, à qui je n'étais pas fâché de faire voir le palais, et surtout la faveur dont votre majesté daigne m'honorer.

LA REINE.

Peu importe, si on peut se fier à elle. (A l'huissier.) Laissez-nous.

(L'huissier sort.)

MARTHE.

Voici quelques échantillons que je soumettrai à votre majesté...

LA REINE.

Il n'est plus question de cela. Vous savez ce qui arrive?

RATON.

Eh! non, vraiment! je ne suis pas sorti de chez moi; par un hasard que nous ne pouvons comprendre, j'étais sous clef.

MARTHE.

Et il y serait encore sans un avis secret que j'ai reçu.

LA REINE, vivement.

N'importe... Je vous ai fait venir, Burkenstaff, parceque j'ai besoin de vos conseils et de votre appui.

RATON.
Est-il possible! (A Marthe.) Tu l'entends.

LA REINE.
C'est le moment d'employer votre influence, de vous montrer enfin.

RATON.
Vous croyez!

MARTHE.
Et moi, n'en déplaise à votre majesté, je crois que c'est le moment de rester tranquille; il n'a déjà été que trop question de lui.

RATON, à voix haute.
Te tairas-tu! (La reine lui fait signe de se modérer et va regarder au fond si on ne peut les entendre. Pendant ce temps Raton continue à demi-voix en s'adressant à sa femme.) Vouloir nuire à mon avancement, à ma fortune!

MARTHE, à demi-voix, à son mari.
Une jolie fortune! nos meubles brisés, nos marchandises au pillage, six heures de prison dans une cave!

RATON, hors de lui.
Ma femme! j'en demande pardon à votre majesté. (A part.) Si j'avais su, je me serais bien gardé de l'amener. (Haut.) Qu'exigez-vous de moi?

LA REINE.
Que vous unissiez vos efforts aux miens pour sauver notre pays qu'on opprime et le rendre à la liberté!

RATON.
Dieu merci! on me connaît; il n'y a rien que je ne fasse pour le pays et pour la liberté.

MARTHE.
Et pour être nommé bourgmestre; car c'est là ce que tu désires maintenant.

RATON.
Ce que je désire, c'est que vous vous taisiez, ou sinon...

LA REINE, à Raton, pour le modérer.
Silence...

RATON, à demi-voix.
Parlez, madame; parlez vite!

LA REINE.
Koller, un des nôtres, vous avait instruit de nos projets d'hier?

RATON.
Du tout.

LA REINE.
Ce n'est pas possible! et cela m'étonne à un point...

RATON, avec impatience.
Moi aussi... car enfin, et puisque M. Koller est un des nôtres, il me semble que j'étais le premier avec qui l'on devait s'entendre.

LA REINE.
Sur-tout depuis l'arrestation de votre fils.

MARTHE, poussant un cri.
Arrêté! dites-vous? mon fils est arrêté!

RATON.
On a osé arrêter mon fils!

LA REINE.
Quoi! ne le savez-vous pas?... accusé de conspiration, il y va de ses jours, et voilà pourquoi je vous ai fait venir.

MARTHE, courant à elle*.
C'est bien différent, et si j'avais su... pardon, madame... pardonnez-moi... (Pleurant.) Mon fils, mon pauvre enfant! (A Raton, avec chaleur.) La reine a raison, il faut le sauver, il faut le délivrer.

RATON.
Certainement; il faut soulever le quartier, soulever la ville entière.

MARTHE, qui a remonté le théâtre de quelques pas, revient près de lui.
Et vous restez là tranquille; vous n'êtes pas déjà au milieu de nos amis, de nos voisins, de nos ouvriers, pour les appeler comme hier à la révolte!

LA REINE.
C'est tout ce que je vous demande.

RATON.
J'entends bien, mais encore faut-il délibérer.

MARTHE.
Il faut agir... il faut prendre les armes... courir au palais... qu'on me rende mon fils, qu'on nous le rende! (Suivant son mari qui recule de quelques pas vers la droite.) Vous n'êtes pas un homme si vous supportez un pareil affront, si vous et les citoyens de cette ville souffrez qu'on enlève un fils à sa mère, qu'on le plonge sans raison dans un cachot, qu'on fasse tomber sa tête; il y va du salut de tous, il y va de l'honneur du pays et de sa liberté!

RATON.
La liberté... t'y voilà aussi!

MARTHE, hors d'elle-même et sanglotant.
Eh! oui, sans doute! la liberté de mon fils, peu m'importe le reste; je ne vois que celle-là, mais nous l'obtiendrons.

LA REINE.
Elle est entre vos mains; je vous seconderai de tout mon pouvoir, moi et les amis attachés à ma cause; mais agissez!... agissez de votre côté pour renverser Struensée.

MARTHE.
Oui, madame, et pour sauver mon fils; comptez sur notre dévouement.

LA REINE.
Tenez-moi au courant de ce que vous ferez et des progrès de la sédition. (Montrant la porte à gauche.) Et tenez, tenez, par cet escalier secret qui donne sur les jardins vous pouvez, vous et vos amis, communiquer avec moi et recevoir mes ordres... On vient, partez**.

---

* La Reine, Marthe, Raton.
** La Reine remonte le théâtre, Marthe le traverse pour se rapprocher de la porte à gauche. Marthe, Raton, au milieu; la Reine au fond.

ACTE IV, SCÈNE II.

BATON

C'est très bien... mais encore, si vous me disiez ce qu'il faut...

MARTHE, l'entraînant.

Il faut me suivre... mon fils nous attend... viens... viens vite. (A la reine.) Soyez tranquille, madame, je vous réponds de lui et de la révolte!

(Elle sort en entraînant son mari par la petite porte à gauche. Au même instant et par la porte du fond paraît l'huissier.)

LA REINE.

Qu'y a-t-il? que me voulez-vous?

L'HUISSIER.

Deux ministres qui, au nom du conseil, sont chargés, disent-ils, d'une communication importante pour votre majesté!

LA REINE, à part.

O ciel! qu'est-ce que cela signifie? (Haut.) Qu'ils entrent, je suis prête à les recevoir.

(Elle s'assied.)

SCÈNE III.

LE COMTE DE RANTZAU, FALKENSKIELD; LA REINE, assise à droite près du guéridon.

FALKENSKIELD.

Madame, depuis hier la tranquillité de la ville a été à plusieurs reprises sérieusement troublée; des rassemblements, des cris séditieux ont éclaté sur plusieurs points, et enfin hier soir on a tenté d'exécuter dans mon hôtel un complot dont on ignore encore les chefs; mais il nous est facile de les soupçonner.

LA REINE.

Je pense, en effet, monsieur le comte, qu'il vous est plus facile d'avoir des soupçons que des preuves.

RANTZAU, avec intention et regardant la reine.

Il est vrai qu'Éric Burkenstaff persiste à garder le silence... mais...

FALKENSKIELD.

Obstination ou générosité qui lui coûtera la vie. Mais, en attendant, par une mesure que la prudence commande, et pour prévenir dans leur origine des complots dont les auteurs ne resteront pas long-temps impunis, nous venons, au nom de la reine Mathilde et de Struensée, vous intimer l'ordre de ne point sortir de ce palais.

LA REINE se lève.

Un pareil ordre... à moi!... et de quel droit?

FALKENSKIELD.

D'un droit que nous n'avions pas hier et que nous prenons aujourd'hui. Un complot découvert rend un gouvernement plus fort. Struensée, qui hésitait encore, s'est enfin décidé à adopter les mesures énergiques que depuis long-temps je proposais: il ne suffit pas de frapper, mais de frapper promptement. Ainsi ce n'est plus devant les cours de justice ordinaire que doivent se traduire les crimes d'état; c'est devant le conseil de régence, seul tribunal compétent; c'est là que dans ce moment se décide le sort d'Éric Burkenstaff, en attendant que nous fassions comparaître devant nous des coupables d'un rang plus élevé.

LA REINE.

Monsieur le comte!...

SCÈNE IV.

RANTZAU, à gauche, à l'écart; GOELHER, FALKENSKIELD, LA REINE.

(Goelher entre par le fond, tenant plusieurs papiers à la main. Il aperçoit la reine, qu'il salue avec respect; puis s'adresse à Falkenskield, sans voir Rantzau qui est derrière lui.)

GOELHER, à Falkenskield.

Voici l'arrêt du conseil, qu'en ma qualité de secrétaire-général je viens d'expédier, et auquel il ne manque plus que deux signatures.

FALKENSKIELD.

C'est bien.

GOELHER, étourdiment, et montrant plusieurs papiers qu'il tient encore.

J'ai là en même temps, et comme vous m'en aviez chargé, le projet d'ordonnance où nous proposons à la reine d'admettre à la retraite...

FALKENSKIELD, à voix basse et lui montrant Rantzau.

Taisez-vous donc!

GOELHER, à part.

C'est juste; je ne le voyais pas. (Regardant Rantzau dont la physionomie est restée immobile.) Il n'a pas entendu; il ne se doute de rien.

FALKENSKIELD, parcourant les papiers que lui a remis Goelher.

L'arrêt d'Éric Burkenstaff! (Lisant.) Il est condamné!

LA REINE, vivement.

Condamné!

FALKENSKIELD.

Oui, madame, et le même sort attend désormais quiconque serait tenté de l'imiter.

GOELHER.

J'ai rencontré aussi une députation de magistrats et de conseillers du tribunal suprême. Sur le bruit seul qu'en violation de leurs droits et privilèges le conseil de régence s'attribuait l'affaire d'Éric Burkenstaff, ils venaient porter leurs plaintes au roi, et, pour parvenir jusqu'à lui, voulaient s'adresser à madame.

FALKENSKIELD.

Vous le voyez; c'est auprès de vous, madame, que viennent se rallier tous les mécontents.

LA REINE.

Et, grâce à vous, ma cour augmente chaque jour.

FALKENSKIELD, à la reine.

Je ne veux pas alors refuser à votre majesté la vue de ses fidèles serviteurs. (à Goelher.) Ordonnez qu'ils entrent; nous les recevrons en votre présence.

SCÈNE V.

RANTZAU ; LE PRÉSIDENT, en habit noir ; QUATRE CONSEILLERS, également en habit noir et se tenant à quelques pas derrière lui ; GŒLHER, au milieu du théâtre ; FALKENSKIELD, plus rapproché de LA REINE, qui se lève à l'arrivée des magistrats et se rassied à la même place à droite.

FALKENSKIELD.
Messieurs les conseillers, j'ai appris le motif qui vous amène : c'est pour prévenir par un châtiment rapide des scènes pareilles à celles qui nous ont dernièrement affligés, que nous nous sommes vus forcés à regret de changer les formes ordinaires de la justice.

LE PRÉSIDENT, d'une voix ferme.
Pardon, monseigneur : c'est quand l'état est en danger, c'est quand l'ordre public est troublé, qu'il faut demander à la justice et aux lois un appui contre la révolte, et non pas s'appuyer sur la révolte pour renverser la justice.

FALKENSKIELD, avec hauteur.
Quelle que soit votre opinion à ce sujet, messieurs, je dois vous prévenir que nous n'accordons pas ici, comme en France, aux parlements et aux cours souveraines le droit de remontrance : je vous exhorte, au contraire, à user de votre influence sur le peuple pour lui conseiller la soumission, pour l'engager à ne point renouveler les désordres d'hier ; sinon, qu'il ne s'en prenne qu'à lui-même des malheurs qui pourraient en résulter pour la ville. Des troupes nombreuses y sont entrées cette nuit et y sont casernées. La garde du palais est confiée au colonel Koller, qui a ordre de repousser la moindre attaque par la force ; et, pour prouver à tous que rien ne saurait nous intimider, Éric Burkenstaff, fils de ce bourgeois factieux à qui déjà nous avions fait grace ; Éric Burkenstaff, convaincu par son propre aveu, de conspiration contre la reine et le conseil de régence, vient d'être condamné à mort, et c'est son arrêt que je signe. (À Rantzau.) Comte de Rantzau, il n'y manque que votre signature*.
(Il s'approche de Rantzau.)

RANTZAU, froidement.
Je ne la donnerai pas.

TOUS.
O ciel !

FALKENSKIELD.
Et pourquoi ?

RANTZAU.
Parceque l'arrêt me semble injuste, aussi bien que la détermination d'ôter à la cour suprême des priviléges que nous n'avons pas le droit de lui ravir.

FALKENSKIELD.
Monsieur !...

* Le président, Rantzau, Falkenskield, Gœlher, la Reine

RANTZAU.
C'est mon avis, du moins. Je désapprouve toutes ces mesures ; elles sont contre ma conscience, et je ne signerai pas.

FALKENSKIELD.
C'était devant le conseil qu'il fallait vous exprimer ainsi.

RANTZAU.
C'est tout haut, c'est par-tout qu'il faut protester contre l'injustice !

GŒLHER.
Dans ces cas-là, monsieur, on donne sa démission.

RANTZAU.
Je ne le pouvais pas hier : vous étiez en danger, vous étiez menacés ; aujourd'hui vous êtes tout-puissants, rien ne vous résiste ; je peux me retirer sans lâcheté ; et cette démission, que M. Gœlher attend avec tant d'impatience, je la donne.

FALKENSKIELD.
Je la transmettrai à la reine, qui l'acceptera.

GŒLHER.
Nous l'accepterons.

FALKENSKIELD.
Messieurs, vous m'avez entendu... vous pouvez vous retirer.

LE PRÉSIDENT, à Rantzau.
Nous n'attendions pas moins de vous, monsieur le comte, et le pays vous en remercie.
(Il sort, ainsi que les conseillers.)

FALKENSKIELD.
Je vais rendre compte à la reine et à Struensée d'une conduite à laquelle j'étais loin de m'attendre.

RANTZAU.
Mais qui vous enchante.

FALKENSKIELD, sortant.
Vous me suivez, Gœlher ?

GŒLHER.
Dans l'instant. (S'approchant de Rantzau d'un air railleur*.) Je voulais auparavant...

RANTZAU.
Me remercier ?... Il n'y a pas de quoi... vous voilà ministre.

GŒLHER.
Je l'aurais été sans cela. (Lui montrant les papiers qu'il tient encore à la main.) J'avais pris mes précautions. Je vous avais bien dit que je vous renverserais !

RANTZAU, souriant.
C'est vrai ! Alors, que je ne vous retienne pas ; hâtez-vous, ministre d'un jour !

GŒLHER, souriant.
Ministre d'un jour !

RANTZAU.
Qui sait ?... peut-être moins encore. Aussi je serais désolé de vous faire perdre quelques instants de pouvoir ; ils sont trop précieux !

* Rantzau, Gœlher, la Reine.

GOELHER.
Comme vous dites. (Il salue la reine respectueusement et sort.)

SCÈNE VI.

LA REINE, *étonnée, le suit quelque temps des yeux en remontant le théâtre*; RANTZAU*.

RANTZAU, à part.
Ah! mes chers collègues étaient décidés à me destituer; je les ai prévenus, et maintenant nous allons voir.

LA REINE.
Je n'en puis revenir encore! Vous, Rantzau, donner votre démission!

RANTZAU.
Pourquoi pas? Il y a des occasions où l'homme d'honneur doit se montrer.

LA REINE.
Mais c'est vous perdre.

RANTZAU.
Du tout, c'est une excellente chose qu'une bonne démission donnée à propos. (A part.) C'est une pierre d'attente. (Haut.) Et puis, s'il faut vous avouer ma faiblesse, moi, homme d'état, qui me croyais à l'abri de toute émotion, je me sens là un penchant pour ce pauvre Éric Burkenstaff; je suis indigné de la conduite que l'on tient envers lui... et envers vous, madame, et c'est là sur-tout ce qui m'a décidé.

LA REINE.
En effet, oser me retenir en ces lieux!

RANTZAU.
Si ce n'était que cela!...

LA REINE.
O ciel!... ils ont d'autres projets!... vous les connaissez?

RANTZAU.
Oui, madame; et maintenant que je ne suis plus membre du conseil, mon amitié peut vous les révéler. Éric n'est pas le seul qu'on ait arrêté. Deux autres agents subalternes, Herman et Christian...

LA REINE.
Grand Dieu!... ils ont parlé!... Ce pauvre Koller sera compromis!

RANTZAU.
Non, madame; ce pauvre Koller est le premier qui vous ait abandonnée, qui vous ait trahie.

LA REINE.
Ce n'est pas possible!

RANTZAU.
La preuve... c'est qu'il est plus en faveur que jamais... c'est que la garde du palais lui est confiée; et quand je vous disais encore hier: Ne vous livrez point à lui... il vous vendra!...

* Rantzau traverse le théâtre tout en parlant, et passe de la gauche à la droite. — La Reine, Rantzau.

LA REINE.
A qui donc se fier?... grand Dieu

RANTZAU.
A personne!... et vous en ferez la triste expérience; car, en attendant le procès qu'on doit vous intenter pour la forme, on est décidé à vous jeter dans un château-fort d'où vous ne sortirez plus. C'est ce soir même qu'on doit vous y conduire, et celui qui est chargé d'exécuter cet ordre... que dis-je? celui qui l'a sollicité... c'est Koller.

LA REINE.
Quelle horreur!

RANTZAU.
Il doit se rendre ici, à la nuit tombante.

LA REINE.
Lui! Koller!... une pareille audace d'ingratitude!... Mais savez-vous que j'ai de quoi le perdre, que j'ai ici des lettres de sa main?

RANTZAU, souriant.
Vraiment!...

LA REINE.
Vous allez voir.

RANTZAU.
Je comprends alors pourquoi il tenait tant à se charger seul de votre arrestation, pour saisir en même temps vos papiers et ne remettre au conseil que ceux qu'il jugerait convenable.

LA REINE, qui a ouvert son secrétaire et qui y a pris des lettres qu'elle présente à Rantzau.
Tenez... tenez!... et, si je succombe, qu'au moins j'aie le plaisir de faire tomber sa tête.

RANTZAU, prenant vivement les lettres, qu'il met dans sa poche.
Et que feriez-vous, madame, de la tête de Koller! Il ne s'agit pas ici de se venger... mais de réussir.

LA REINE.
Réussir!... et comment?... Tous mes amis m'abandonnent, excepté un seul... une main inconnue, la vôtre peut-être, qui m'a conseillé de m'adresser à Raton Burkenstaff.

RANTZAU.
Moi!... Y pensez-vous?

LA REINE, vivement.
Enfin, croyez-vous qu'il puisse parvenir à soulever le peuple?

RANTZAU.
A lui seul!... non, madame.

LA REINE.
Il l'a bien fait hier.

RANTZAU.
Raison de plus pour ne pas le faire aujourd'hui; l'autorité est avertie, elle est sur ses gardes, elle a pris ses mesures; d'ailleurs, votre Raton Burkenstaff est incapable d'agir par lui-même!... c'est un instrument, une machine, un levier qui, dirigé par une main habile ou puissante, peut rendre des services, mais à la condition qu'il ne saura ni pour qui ni comment...

car, s'il se mêle de comprendre, il n'est plus bon à rien!
LA REINE.
Que me reste-t-il alors?... Entourée d'ennemis ou de piéges; sans secours, sans appui, menacée dans ma liberté, dans mes jours peut-être, il faut se résigner à son sort et savoir mourir... Mathilde l'emporte... et ma cause est perdue!
RANTZAU, froidement et à demi-voix.
C'est ce qui vous trompe... elle n'a jamais été plus belle.
LA REINE.
Que dites-vous?
RANTZAU.
Hier, il n'y avait rien à faire, car vous n'aviez pour vous qu'une poignée d'intrigants, et vous conspiriez au hasard et sans but. Aujourd'hui, vous avez pour vous l'opinion publique, les magistrats, le pays tout entier qu'on insulte, qu'on outrage, qu'on veut tyranniser, à qui l'on veut ravir ses droits... Vous les défendez! et lui, défend les vôtres. Notre roi Christian est dépouillé de son autorité contre toute justice, vous et Éric Burkenstaff êtes condamnés contre toutes les lois; le peuple se prononce toujours pour les opprimés; vous l'êtes en ce moment... grace au ciel; c'est un avantage qu'il ne faut pas perdre et dont il faut profiter!
LA REINE.
Et comment? puisque le peuple ne peut me secourir!...
RANTZAU.
Il faut vous en passer! il faut agir sans lui, certaine, quoi qu'il arrive, de l'avoir pour allié.
LA REINE.
Et si demain Mathilde ou Struensée doivent me faire arrêter, comment les en empêcher?
RANTZAU, souriant.
En les arrêtant dès ce soir!
LA REINE, effrayée.
O ciel! vous oseriez...
RANTZAU, froidement.
Il ne s'agit pas de moi... mais de vous.
LA REINE, étonnée.
Qu'est-ce à dire?
RANTZAU.
Un mot d'abord : êtes-vous bien persuadée, comme je le suis moi-même, que dans ce moment il ne vous reste d'autre chance, d'autre alternative que la régence, ou une prison perpétuelle?
LA REINE.
Je le crois fermement.
RANTZAU.
Avec une telle certitude on peut tout oser : ce qui serait témérité ailleurs devient de la prudence! (Lentement et montrant la porte à gauche.) Cette porte conduit dans l'appartement du roi?
LA REINE.
Oui! je viens de le voir... seul, abandonné de tous, et dans ce moment presque tombé en enfance.
RANTZAU, de même et à demi-voix.
Alors, et puisque vous pouvez encore pénétrer jusqu'à lui, il vous serait facile d'obtenir...
LA REINE.
Sans doute!... mais à quoi bon? à quoi servira l'ordre d'un roi sans pouvoir?
RANTZAU, à demi-voix et avec force.
Que nous l'ayons seulement!...
LA REINE, vivement.
Et vous agirez?...
RANTZAU.
Non pas moi.
LA REINE.
Et qui donc?
RANTZAU, s'arrêtant.
On frappe.
(Montrant la petite porte à gauche.)
LA REINE, à demi voix.
Qui vient là?
RATON, en dehors.
Moi, Raton de Burkenstaff.
RANTZAU, à demi-voix, à la reine.
A merveille!... c'est l'homme qu'il vous faut pour exécuter vos ordres, lui et Koller.
LA REINE.
Y pensez-vous?
RANTZAU.
Il est inutile qu'il me voie; faites-le attendre ici quelques instants et venez me retrouver.
LA REINE.
Où donc?
RANTZAU, à demi voix.
Là!
LA REINE.
Dans l'antichambre du roi!
(Rantzau sort par la porte à deux battants, à gauche.)

SCÈNE VII.
RATON, LA REINE.

RATON, entrant mystérieusement.
C'est moi, madame, qui n'ai rien encore à vous annoncer et qui viens à ce sujet consulter votre majesté.
LA REINE, vivement.
C'est bien!... c'est bien!... c'est le ciel qui vous envoie... Attendez ici et n'en sortez pas... attendez les ordres que je vais vous donner et que vous aurez soin d'exécuter à l'instant.
RATON, s'inclinant.
Oui, madame...
(La reine entre dans l'appartement à gauche.)

SCÈNE VIII.
RATON, seul.

Ça ne fera pas mal!... je ne serai pas fâché de savoir ce que j'ai à faire... car tout retombe sur moi, et je ne sais auquel entendre... Maître, où faut-il aller?... maître, qu'est-ce qu'il faut dire?... maître, qu'est-ce qu'il faut faire?... Est-ce que je sais?... je leur réponds toujours : Attendez!... on ne risque rien d'attendre... il peut arriver des idées... tandis qu'en se pressant...

SCÈNE IX.
JEAN, RATON, MARTHE.

RATON, à Marthe et à Jean qui entrent par la petite porte à gauche.

Eh bien?

JEAN, tristement.

Cela va mal... tout est tranquille!

MARTHE.

Les rues sont désertes, les boutiques sont fermées, les ouvriers que nous avons envoyés ont eu beau crier : Vive Burkenstaff! personne n'a répondu!...

RATON.

Personne!... c'est inconcevable!... des gens qui m'adoraient hier!... qui me portaient en triomphe... et aujourd'hui ils restent chez eux!

JEAN.

Et le moyen de sortir? Il y a des soldats dans toutes les rues.

RATON.

Vraiment!

JEAN.

Les portes de nos ateliers sont gardées par des piquets de cavalerie.

RATON.

Ah! mon Dieu!

MARTHE.

Et ceux des ouvriers qui ont voulu se montrer ont été arrêtés à l'instant même.

RATON, effrayé.

Voilà qui est bien différent. Écoutez donc, mes enfants, je ne savais pas cela. Je dirai à la reine-mère : Madame, j'en suis bien fâché; mais à l'impossible nul n'est tenu, et je crois que ce que nous avons de mieux à faire est de retourner chacun chez nous.

MARTHE.

Ce n'est plus possible, notre maison est envahie; des trabans de la garde y sont casernés; ils mettent tout au pillage; et si vous y paraissiez maintenant, il y a ordre de vous saisir et peut-être pire encore.

RATON.

Mais ça n'a pas de nom! c'est épouvantable! c'est d'un arbitraire!... Et nous cacher maintenant?

MARTHE.

Nous cacher! quand mon fils est en danger, quand on dit qu'il vient d'être condamné!

RATON.

Est-il possible!

MARTHE.

C'est vous qui l'avez voulu; et maintenant que nous y sommes, c'est à vous de nous en retirer; il faut agir : décidez quelque chose.

RATON.

Je ne demande pas mieux, mais quoi?

JEAN.

Les ouvriers du port, les matelots norvégiens sont en liberté; ceux-là ne reculeront pas; et en leur donnant de l'argent...

MARTHE, vivement.

Il a raison!... De l'or! de l'or! tout ce que nous avons!

RATON.

Permets donc...

MARTHE.

Vous hésiteriez?

RATON.

Du tout; je ne dis pas non, mais je ne dis pas oui.

JEAN.

Et qu'est-ce que vous dites donc?

RATON.

Je dis qu'il faut attendre.

MARTHE.

Attendre!... et qui vous empêche de prendre un parti?

JEAN.

Vous êtes le chef du peuple.

RATON, avec colère.

Certainement, je suis le chef! et on ne me dit rien, on ne me commande rien; c'est inconcevable!

SCÈNE X.
Les Précédents, L'Huissier.

L'HUISSIER, s'adressant à Raton et lui présentant une lettre sous enveloppe.

A monsieur Raton Burkenstaff, de la part de la reine.

RATON.

De la reine! c'est bien heureux! (A l'huissier, qui se retire.) Merci, mon ami... Voilà enfin ce que j'attendais pour agir!

MARTHE et JEAN.

Qu'est-ce donc?

RATON.

Silence!* Je ne vous le disais pas, je ne disais rien; mais c'était convenu, concerté avec la reine; nous avions notre plan.

MARTHE.

C'est différent.

*Il traverse le théâtre et se place à gauche. — Autour Marthe, Jean.

RATON.

Voyons un peu... d'abord ce petit mot. (Lisant à part.) « Mon cher Raton, je vous confie, comme « chef du peuple, cet ordre du roi... » Du roi! est-il possible! « Vous le remettrez vous-même « à son adresse. » Je n'y manquerai pas. « Après « quoi, et sans entrer dans aucun détail ni éclair-« cissement, vous vous retirerez, vous sortirez « du palais, vous vous tiendrez soigneusement « caché. » Tout cela sera scrupuleusement exé-cuté. « Et demain au point du jour, si vous « voyez le pavillon royal flotter sur les tours de « Christianborg, parcourez la ville avec tous « les amis dont vous pourrez disposer, en criant : « Vive le roi ! » C'est dit. « Déchirez sur-le-« champ ce billet. » (Le déchirant.) C'est fait.

MARTHE et JEAN.
Eh bien ! qu'y a-t-il ?

RATON*.
Taisez-vous, femme! taisez-vous! les secrets d'état ne vous regardent pas; qu'il vous suffise d'apprendre que je sais ce que j'ai à faire... Voyons un peu... (Prenant le papier cacheté.) « A « Raton de Burkenstaff, pour remettre au gé-« néral Koller. »

MARTHE.
Koller!

RATON, cherchant.
Qu'est-ce que c'est que ça? (Se rappelant.) Ah ! je sais... un des nôtres dont la reine nous par-lait ce matin... tu ne te rappelles pas ?

MARTHE.
Si vraiment !

RATON.
Il l'aura bientôt, c'est convenu. Quant à nous, mes enfants, ce qui nous reste à exécu-ter, c'est de sortir d'ici sans bruit, de nous te-nir cachés toute la soirée...

MARTHE.
Y penses-tu ?

RATON.
Silence donc! c'est dans notre plan. (A Jean.) Toi, pendant la nuit, tu rassembleras les mate-lots norwégiens dont tu nous parlais tout-à-l'heure; tu leur donneras de l'or, beaucoup d'or; on me le rendra... en honneurs et en di-gnités... et puis vous viendrez tous me trouver avant le point du jour, et alors...

MARTHE.
Cela sauvera-t-il mon fils ?

RATON.
Belle demande !... Oui, femme, oui, cela le sauvera... et je serai conseiller, et j'aurai une belle place, et Jean aussi... une petite.

JEAN.
Laquelle ?

RATON.
Je te promets quelque chose... Mais nous

* Retraversant le théâtre à droite et reprenant le milieu. — Jean, Raton, Marthe.

perdons là un temps précieux, et j'ai tant d'af-faires en tête! Quand il faut penser à tout, par où commencer? Ah ! cette lettre à M. Kol-ler, c'est par-là d'abord qu'il faut... Venez, suivez-moi.

(Jean et Marthe vont pour sortir par la porte à gauche; Koller paraît à la porte du fond ; Raton s'arrête au milieu du théâtre.)

SCÈNE XI.
JEAN, MARTHE, RATON, KOLLER.

KOLLER, apercevant Raton.
Que vois-je ! Que faites-vous ici ? qui êtes-vous ?

RATON.
Que vous importe? je suis chez la reine, j'y suis par son ordre. Et vous-même, qui êtes-vous pour m'interroger ?

KOLLER.
Le colonel Koller.

RATON.
Koller! quelle rencontre! Et moi, je suis Raton de Burkenstaff, chef du peuple.

KOLLER.
Et vous osez venir en ce palais, quand l'or-dre est donné de vous arrêter ?

MARTHE.
O ciel !

RATON.
Sois donc paisible! (A Koller à demi-voix.) Je sais qu'avec vous je n'ai rien à craindre; car nous sommes du même bord, nous nous en-tendons... vous êtes des nôtres.

KOLLER, avec mépris.
Moi !

RATON, à demi-voix.
Et la preuve, c'est que voilà un papier que je suis chargé de vous remettre, et de la part du roi.

KOLLER, vivement.
Du roi !... est-il possible !... Qu'est-ce que cela signifie ? (Il ouvre la lettre, qu'il parcourt.) O ciel ! un pareil ordre !...

RATON, le regardant et s'adressant à sa femme et à Jean.
Vous voyez déja l'effet...

KOLLER.
Christian !... c'est bien sa main, c'est sa si-gnature... Et vous m'expliquerez, monsieur, comment il se fait...

RATON, gravement.
Je n'entrerai dans aucun détail ni éclaircis-sement : c'est l'ordre du roi; vous savez ce qui vous reste à faire... et moi aussi... je m'en vais.

MARTHE, le retenant.
Eh ! mon Dieu ! qu'y a-t-il donc dans ce papier ?

RATON.
Ça ne te regarde pas, et tu ne peux le sa-

ACTE IV, SCÈNE XI.

voir. (A sa femme et à Jean.) Viens, femme partons.

JEAN.

J'aurai une place! j'espère bien qu'elle sera bonne... sans cela... Je vous suis, notre maître. (Raton, Marthe et Jean sortent par la petite porte à gauche.)

SCÈNE XII.

RANTZAU, sortant de la porte à deux battants, à gauche; KOLLER, debout, plongé dans ses réflexions, tenant toujours la lettre dans sa main.

KOLLER.

Grand Dieu! monsieur de Rantzau!

RANTZAU.

Monsieur le colonel me semble bien préoccupé!

KOLLER, allant à lui.

Votre présence, monsieur le comte, est ce qui pouvait m'arriver de plus heureux, et vous attesterez au conseil de régence...

RANTZAU.

Je n'en suis plus, j'ai donné ma démission.

KOLLER, avec étonnement et à part.

Sa démission!... l'autre parti va donc mal! (Haut.) Je ne m'attendais pas à un pareil événement, pas plus qu'à l'ordre inconcevable que je reçois à l'instant.

RANTZAU.

Un ordre!... et de qui?

KOLLER, à demi-voix.

Du roi.

RANTZAU.

Pas possible!

KOLLER.

Au moment où, d'après l'ordre du conseil, je me rendais ici pour arrêter la reine-mère, le roi, qui ne se mêlait plus depuis long-temps ni du gouvernement ni des affaires de l'état, le roi, qui semblait avoir résigné toute son autorité entre les mains du premier ministre, m'ordonne, à moi Koller, son fidèle serviteur, d'arrêter, ce soir même, Mathilde et Struensée.

RANTZAU, froidement et après avoir regardé l'acte.

C'est bien la signature de notre seul et légitime souverain, Christian VII, roi de Danemarck.

KOLLER.

Qu'en pensez-vous?

RANTZAU.

C'est ce que j'allais vous demander; car ce n'est pas à moi, c'est à vous que l'ordre est adressé.

KOLLER, avec inquiétude.

Sans doute; mais, forcé d'obéir au roi ou au conseil de régence, que feriez-vous à ma place?

RANTZAU.

Ce que je ferais!... D'abord je ne demanderais pas de conseils.

KOLLER.

Vous agiriez; mais dans quel sens?

RANTZAU, froidement.

Cela vous regarde. Comme, en toute affaire, votre intérêt seul vous détermine, pesez, calculez, et voyez lequel des deux partis vous offre le plus d'avantage.

KOLLER.

Monsieur...

RANTZAU.

C'est là, je pense, ce que vous me demandez, et je vous engagerai d'abord à lire attentivement la suscription de cette lettre; il y a là: Au général Koller.

KOLLER, à part.

Au général!... ce titre qu'on m'a toujours refusé... (Haut.) Moi, général!

RANTZAU, avec dignité.

C'est justice : un roi récompense ceux qui le servent, comme il punit ceux qui lui désobéissent.

KOLLER, lentement et le regardant.

Pour récompenser ou punir il faut du pouvoir; en a-t-il?

RANTZAU, de même.

Qui vous a remis cet ordre?

KOLLER.

Raton Burkenstaff, chef du peuple.

RANTZAU.

Cela prouverait qu'il y a dans le peuple un parti prêt à éclater et à vous seconder.

KOLLER, vivement.

Votre excellence peut-elle me l'assurer?

RANTZAU, froidement.

Je n'ai rien à vous dire; vous n'êtes pas mon ami, je ne suis pas le vôtre : je n'ai pas besoin de travailler à votre fortune.

KOLLER.

Je comprends... (Après un instant de silence et se rapprochant de Rantzau.) En sujet fidèle, je voudrais obéir aux ordres du roi... c'est mon devoir d'abord; mais les moyens d'exécution...

RANTZAU, lentement.

Sont faciles... la garde du palais vous est confiée, vous commandez seul aux soldats qui y sont renfermés...

KOLLER, avec incertitude.

D'accord; mais si l'on échoue...

RANTZAU, négligemment.

Eh bien! que peut-il arriver?

KOLLER.

Que demain Struensée me fera pendre ou fusiller.

RANTZAU, se retournant vers lui avec fermeté.

N'est-ce que cela qui vous arrête?

KOLLER, de même.

Oui.

RANTZAU, de même.

Aucune autre considération?

KOLLER, de même.

Aucune.

RANTZAU, *froidement.*

Eh bien! alors, rassurez-vous... de toute manière cela ne peut pas vous manquer.

KOLLER.

Que voulez-vous dire?

RANTZAU.

Que si demain Struensée est encore au pouvoir, il vous fera arrêter et condamner dans les vingt-quatre heures.

KOLLER.

Et sous quel prétexte? pour quel crime?

RANTZAU, *lui montrant des lettres qu'il remet sur-le-champ dans sa poche.*

En faut-il d'autre que ces lettres écrites par vous à la reine-mère, ces lettres qui contiennent la conception première du complot qui doit éclater aujourd'hui, et où Struensée verra qu'hier même en le servant vous le trahissiez encore?

KOLLER.

Monsieur, vous voulez me perdre!

RANTZAU.

Du tout; il ne tient qu'à vous que ces preuves de votre trahison deviennent des preuves de fidélité.

KOLLER.

Et comment?

RANTZAU.

En obéissant à votre souverain.

KOLLER, *avec fureur.*

Mais vous êtes donc pour le roi? vous agissez donc en son nom?

RANTZAU, *avec fierté.*

Je n'ai pas de compte à vous rendre; je ne suis pas en votre puissance et vous êtes dans la mienne; quand je vous ai entendu hier, devant le conseil assemblé, dénoncer des malheureux dont vous étiez le complice, je n'ai rien dit, je ne vous ai pas démasqué, je vous ai protégé de mon silence : cela me convenait alors, cela ne me convient plus aujourd'hui; et, puisque vous m'avez demandé conseil, je vais vous en donner un. *(D'un air impératif et à demi-voix.)* C'est celui d'exécuter les ordres de votre roi, d'arrêter cette nuit, au milieu du bal qui se prépare, Mathilde et Struensée, ou sinon...

KOLLER, *dans le plus grand trouble.*

Eh bien! dites-moi seulement que cette cause est désormais la vôtre, que vous êtes un des chefs, et j'accepte.

RANTZAU.

C'est vous seul que cela regarde. Ce soir la punition de Struensée, ou demain la vôtre. Demain vous serez général... ou fusillé... choisissez.

(Il fait un pas pour sortir.)

KOLLER, *l'arrêtant.*

Monsieur le comte!...

RANTZAU.

Eh bien! que décidez-vous, colonel?

KOLLER.

J'obéirai!

RANTZAU.

C'est bien. *(Avec intention.)* Adieu... général!

(Il sort par la porte à gauche, et Koller par le fond.)

ACTE CINQUIEME.

Un salon de l'hôtel de Falkenskield. De chaque côté une grande porte; une au fond, ainsi que deux croisées donnant sur des balcons. A gauche, sur le premier plan, une table et ce qu'il faut pour écrire. Sur la table, deux flambeaux allumés.

SCÈNE I.

CHRISTINE, *enveloppée d'une mante, et dessous en costume de bal;* FALKENSKIELD.

FALKENSKIELD, *entrant en donnant le bras à sa fille.*

Eh bien! comment cela va-t-il?

CHRISTINE.

Je vous remercie, mon père; beaucoup mieux.

FALKENSKIELD.

Votre pâleur m'avait effrayé; j'ai vu le moment où, au milieu de ce bal, devant la reine, devant toute la cour, vous alliez vous trouver mal.

CHRISTINE.

Vous le savez, j'aurais désiré rester ici; c'est vous qui, malgré mes prières, avez voulu que l'on me vît à cette fête.

FALKENSKIELD.

Certainement! que n'aurait-on pas dit de votre absence!... C'est déjà bien assez qu'hier, lorsqu'on a arrêté chez moi ce jeune homme, tout le monde ait pu remarquer votre trouble et votre effroi... Ne fallait-il pas donner à penser que vos chagrins vous empêchaient de paraître à cette fête!

CHRISTINE.

Mon père!

FALKENSKIELD, *reprenant d'un air détaché.*

Qui du reste était superbe... Une magnificence! un éclat! et quelle foule dorée se pressait dans ces immenses salons!... Je ne veux pas d'autres preuves de l'affermissement de notre pouvoir; nous avons enfin fixé la fortune, et jamais, je crois, la reine n'avait été plus séduisante; on voyait rayonner un air de triomphe et de plaisir dans ses beaux yeux qu'elle reportait sans cesse sur Struensée... Eh! mais, à propos d'homme heureux, avez-vous remarqué le baron de Gœlher?

CHRISTINE.
Non, monsieur.
FALKENSKIELD.
Comment non? il a ouvert le bal avec la reine et paraissait plus fier encore de cette distinction que de sa nouvelle dignité de ministre, car il a été nommé... Il succède décidément à M. de Rantzau, qui, en habile homme, nous quitte et s'en va quand la fortune arrive.
CHRISTINE.
Tout le monde n'agit pas ainsi.
FALKENSKIELD.
Oui... il a toujours tenu à se singulariser; aussi nous ne lui en voulons pas; qu'il se retire, qu'il fasse place à d'autres, son temps est fini; et la reine, qui craint son esprit... a été enchantée de lui donner pour successeur...
CHRISTINE.
Quelqu'un qu'elle ne craint pas.
FALKENSKIELD.
Justement! un aimable et beau cavalier comme mon gendre.
CHRISTINE.
Votre gendre!
FALKENSKIELD, d'un air sévère, et regardant Christine.
Sans doute.
CHRISTINE, timidement.
Demain, mon père, je vous parlerai au sujet de M. de Gœlher.
FALKENSKIELD.
Et pourquoi pas sur-le-champ?
CHRISTINE.
Il est tard, la nuit est bien avancée... et puis, je ne suis pas encore assez remise de l'émotion que j'ai éprouvée.
FALKENSKIELD.
Mais cette émotion, quelle en était la cause?
CHRISTINE.
Oh! pour cela, je puis vous le dire. Jamais je ne m'étais trouvée plus seule, plus isolée qu'au milieu de cette fête; et en voyant le plaisir qui brillait dans tous les yeux, cette foule si joyeuse, si animée, je ne pouvais croire qu'à quelques pas de là, peut-être, des infortunés gémissaient dans les fers... Pardon, mon père, c'était plus fort que moi; cette idée-là me poursuivait sans cesse. Quand monsieur d'Osten s'est approché de Struensée, qui était près de moi, et lui a parlé à voix basse, je n'entendais pas ce qu'il disait; mais Struensée témoignait de l'impatience, et, voyant la reine qui venait à lui, il s'est levé en disant : «C'est inutile, « monsieur; jamais de pitié pour les crimes de « haute trahison; ne l'oubliez pas.» Le comte s'est incliné, puis, regardant la reine et Struensée, il a dit : « Je ne l'oublierai pas, monsei-« gneur, et bientôt peut-être je vous le rap-« pellerai. »
FALKENSKIELD.
Quelle audace!

CHRISTINE.
Cet incident avait rassemblé quelques personnes autour de nous, et j'entendais confusément murmurer ces mots : « Le ministre a « raison; il faut un exemple... » « Soit, disaient « les autres, mais le condamner à mort!... « Le condamner!!! à ce mot un froid mortel s'est glissé dans mes veines; un voile a couvert mes yeux... j'ai senti que la force m'abandonnait.
FALKENSKIELD.
Heureusement, j'étais là, près de toi!
CHRISTINE.
Oui, c'était une terreur absurde, chimérique, je le sens, mais que voulez-vous? Renfermée aujourd'hui dans mon appartement, je n'avais vu ni interrogé personne... Il est un nom, vous le savez, que je n'ose prononcer devant vous; mais lui, n'est-ce pas, il n'y a pas à trembler pour ses jours?
FALKENSKIELD.
Non... sans doute... rassure-toi.
CHRISTINE.
C'est ce que je pensais... c'est impossible; et puis, arrêté hier, il ne peut pas être condamné aujourd'hui; et les démarches, les instances de ses amis, les vôtres, mon père...
FALKENSKIELD.
Certainement; et comme tu le disais, demain, mon enfant, demain nous parlerons de cela. Je me retire, je te quitte.
CHRISTINE.
Vous retournez à ce bal?
FALKENSKIELD.
Non, j'y ai laissé Gœlher, qui nous représente à merveille, et qui dansera probablement toute la nuit... Le jour ne peut pas tarder à paraître, je ne me coucherai pas, j'ai à travailler, et je vais passer dans mon cabinet. Holà! quelqu'un! (Joseph paraît au fond, ainsi qu'un autre domestique qui va prendre sur la table à gauche un des deux flambeaux.) Allons! de la force, du courage... bonsoir, mon enfant, bonsoir.
(Il sort suivi du domestique qui porte le flambeau.)

SCÈNE II.
CHRISTINE, JOSEPH.
CHRISTINE.
Je respire! je m'étais alarmée sans motif, il était question d'un autre. Hélas! il me semble que tout le monde doit être comme moi et ne s'occuper que de lui!
JOSEPH, qui s'est approché de Christine.
Mademoiselle...
CHRISTINE.
Qu'y a-t-il, Joseph?
JOSEPH.
Une femme qui a l'air bien à plaindre est ici depuis long-temps. Quand elle devrait, disait-elle, passer toute la nuit à attendre, elle est

décidée à ne pas quitter l'hôtel sans avoir parlé à mademoiselle en particulier.

CHRISTINE.

A moi !

JOSEPH.

Du moins elle m'a supplié de vous le demander.

CHRISTINE.

Qu'elle vienne !... quoique bien fatiguée, je la recevrai.

JOSEPH, qui pendant ce temps a été chercher Marthe.

Entrez, madame, voilà mademoiselle et dépêchez-vous, car il est tard.

(Il sort.)

SCÈNE III.
MARTHE, CHRISTINE.

MARTHE.

Mille pardons, mademoiselle, d'oser à une pareille heure...

CHRISTINE, la regardant.

Madame Burkenstaff !... (Courant à elle et lui prenant les mains.) Ah ! que je suis contente de vous avoir reçue !... que je suis heureuse de vous voir ! (A part, avec joie et attendrissement.) Sa mère ! (Haut.) Vous venez me parler d'Éric ?

MARTHE.

Eh ! dans le désespoir qui m'accable, puis-je parler d'autre chose que de mon fils... de mon pauvre enfant !... je viens de le voir.

CHRISTINE, vivement.

Vous l'avez vu !

MARTHE, pleurant.

Je viens de l'embrasser, mademoiselle... pour la dernière fois !

CHRISTINE.

Que dites-vous ?

MARTHE.

Son arrêt lui avait été signifié cette après-midi.

CHRISTINE.

Quel arrêt ?... qu'est-ce que cela signifie ?

MARTHE, avec joie.

Vous l'ignoriez donc !... ah ! tant mieux !... sans cela, vous n'auriez pas été à ce bal, n'est-il pas vrai ?... Quelque grande dame que vous soyez, vous n'auriez pas pu vous divertir quand celui qui avait tant d'affection pour vous est condamné à mort ?

CHRISTINE, poussant un cri.

Ah !... (Avec égarement.) Ils disaient donc vrai !... c'était de lui qu'ils parlaient, et mon père m'a trompée ! (A Marthe.) Il est condamné !

MARTHE.

Oui, mademoiselle... Struensée a signé, la reine a signé ; concevez-vous cela ? elle est mère cependant !... elle a un fils !

CHRISTINE.

Remettez-vous !... tout n'est pas perdu ; j'ai encore de l'espoir.

MARTHE.

Et moi, je n'en ai plus qu'en vous !... Mon mari a des projets qu'il ne veut pas m'expliquer ; je ne devrais pas vous dire cela ; mais vous, du moins, vous ne me trahirez point ; en attendant, il n'ose se montrer ; il se tient caché ; ses amis n'arriveront pas, ou arriveront trop tard... et moi, dans ma douleur, que puis-je tenter ? que puis-je faire ?... S'il ne fallait que mourir... je ne vous demanderais rien, mon fils serait déjà sauvé. J'ai couru hier soir à sa prison, j'ai donné tant d'or qu'on a bien voulu me vendre le plaisir de l'embrasser ; je l'ai serré contre mon cœur, je lui ai parlé de mon désespoir, de mes craintes !... Hélas !... il ne m'a parlé que de vous.

CHRISTINE.

Éric !...

MARTHE.

Oui, mademoiselle, oui, l'ingrat en me consolant pensait encore à vous. « J'espère, « me disait-il, qu'elle ignorera mon sort, qu'elle « n'en saura rien... car heureusement, c'est de « grand matin, c'est au point du jour... »

CHRISTINE.

Quoi donc ?

MARTHE, avec égarement.

Eh bien ! est-ce que je ne vous l'ai pas dit ?... Est-ce que vous ne l'avez pas deviné à mon désespoir ?... C'est tout-à-l'heure, c'est dans quelques instants qu'ils vont tuer mon fils !...

CHRISTINE.

Le tuer !...

MARTHE.

Oui, oui, c'est là, sur cette place, sous vos fenêtres, qu'ils vont le traîner... Alors, dans le délire, dans la fièvre où j'étais, je me suis arrachée de ses bras, et, loin de lui obéir, je suis accourue pour vous dire : Ils vont le tuer !... défendez-le ! mais vous n'étiez pas ici... et j'attendais... Ah ! quel supplice... et que j'ai souffert en comptant les instants de cette nuit que mes vœux desiraient et craignaient d'abréger !... Mais vous voilà, je vous vois ; nous allons ensemble nous jeter aux pieds de votre père, aux pieds de la reine, nous demanderons la grace de mon fils.

CHRISTINE.

Je vous le promets.

MARTHE.

Vous leur direz qu'il n'est pas coupable ; il ne l'est pas, je vous le jure ; il ne s'est jamais occupé de révolte ni de complots ; il n'a jamais songé à conspirer ; il ne songeait à rien, qu'à vous aimer !...

CHRISTINE.

Je le sais, et c'est son amour qui l'a perdu ; c'est pour moi, pour me sauver qu'il marcherait à la mort !... Oh ! non... ça ne se peut pas... Soyez tranquille, je réponds de ses jours.

MARTHE.
Est-il possible!
CHRISTINE.
Oui, madame, oui, il y aura quelqu'un de perdu, mais ce ne sera pas lui!
MARTHE.
Que voulez-vous dire?...
CHRISTINE.
Rien!... rien!... Retournez chez vous, partez; dans quelques instants il aura sa grace, il sera sauvé!... fiez-vous-en à mon zèle.
MARTHE, hésitant.
Mais cependant...
CHRISTINE.
A ma parole,.. à mes serments.
MARTHE, de même.
Mais...
CHRISTINE, hors d'elle-même.
Eh bien!... à ma tendresse!... à mon amour!... Me croyez-vous maintenant?
MARTHE, avec étonnement.
O ciel!... oui, mademoiselle, oui, je n'ai plus peur. (Poussant un cri en montrant la croisée.) Ah!...
CHRISTINE.
Qu'avez-vous?
MARTHE.
J'avais cru voir le jour!... Non, grace au ciel, il fait sombre encore. Dieu vous protège et vous rende tout le bonheur que je vous dois... adieu... adieu!...
(Elle sort.)

SCÈNE IV.

CHRISTINE, seule, marchant avec agitation.

Je dirai la vérité, je dirai qu'il n'est pas coupable; je publierai tout haut qu'il s'est accusé lui-même pour ne pas me compromettre, pour sauver ma réputation. Et moi... (S'arrêtant.) Oh! moi... perdue, déshonorée à jamais!... Eh bien!... eh bien! quand je penserai à tout cela... à quoi bon?... Il le faut, je ne peux pas le laisser périr. C'est par amour qu'il me donnait sa vie... et moi, par amour... je lui donnerai plus encore. (Se mettant à la table.) Oui, oui, écrivons; mais à qui me confier? à mon père?... oh! non; à Struensée? encore moins; il a dit devant moi qu'il ne pardonnerait jamais; mais à la reine! à Mathilde! elle est femme, elle me comprendra; et puis, je ne voulais pas le croire, mais si, comme on l'assure, elle est aimée, si elle aime!... O mon Dieu! fais que ce soit vrai! elle aura pitié de moi, et ne me condamnera pas. (Écrivant rapidement.) Hâtons-nous; cette déclaration solennelle ne laissera pas de doute sur son innocence... *Signé*, Christine de Falkenskield... (Laissant tomber la plume.) Ah!... c'est ma honte, mon déshonneur que je signe... (Pliant vivement la lettre.) N'y pensons pas, ne pensons à rien... Les moments sont précieux... et comment, à une heure pareille...? ah!... par madame de Linsberg, la première femme de chambre de la reine.... en lui envoyant Joseph, qui m'est dévoué... Oui, c'est le seul moyen de faire parvenir à l'instant cette lettre...

SCÈNE V.

CHRISTINE, FALKENSKIELD.

FALKENSKIELD, qui est entré pendant les derniers mots, se trouve en face de Christine, qui veut sortir. Il lui prend la lettre des mains.

Une lettre, et pour qui donc?
CHRISTINE, avec effroi.
Mon père!...
FALKENSKIELD, lisant.
« A la reine Mathilde. » Eh! mais, ne vous troublez pas ainsi; puisque vous tenez tant à ce que cette lettre parvienne à sa majesté, je la lui remettrai; mais j'ai le droit, je pense, de connaitre ce que ma fille écrit, même à sa souveraine, et vous permettez...
(Faisant le geste d'ouvrir la lettre.)
CHRISTINE, suppliante.
Monsieur...
FALKENSKIELD, l'ouvrant.
Vous y consentez... (Lisant.) O ciel!... Éric Burkenstaff était ici pour vous, caché dans votre appartement! et c'est là qu'aux yeux de tous il a été découvert...
CHRISTINE.
Oui, oui, c'est la vérité! Accablez-moi de votre colère: non que je sois coupable ni indigne de vous, je le jure; c'est déjà trop que mon imprudence ait pu nous compromettre; aussi je ne cherche ni à me justifier, ni à éviter des reproches que j'ai mérités; mais j'apprends, et vous me l'aviez caché, qu'il est condamné à mort; que, victime de son dévouement, il va périr pour sauver mon honneur; j'ai pensé alors que c'était le perdre à jamais que de l'acheter à ce prix; j'ai voulu épargner à moi des remords..., à vous un crime... j'ai écrit!
FALKENSKIELD.
Signer un tel aveu!... et par ce témoignage, qui va, qui doit devenir public, attester aux yeux de la reine, de ses ministres, de toute la cour, que la comtesse de Falkenskield, éprise d'un marchand de la Cité, a compromis pour lui son rang, sa naissance, son père, qui, déjà en butte à tous les traits de la calomnie et de la satire, va cette fois être accablé et succomber sous leurs coups! Non, cet écrit, gage de notre déshonneur et de notre ruine, ne verra pas le jour.
CHRISTINE.
Qu'osez-vous dire! ô ciel! Ne pas vous opposer à cet arrêt!

FALKENSKIELD.
Je ne suis pas le seul qui l'ait signé.

CHRISTINE.
Mais vous êtes le seul qui connaissiez son innocence; et si vous refusez d'adresser ce billet à la reine, je cours me jeter à ses pieds... Oui, monsieur, oui, pour votre honneur, pour le repos éternel de vos jours; et je lui crierai : Grace, madame!... sauvez Éric, et sur-tout sauvez mon père!

FALKENSKIELD, la retenant par la main.
Non! vous n'irez pas!... vous ne sortirez pas d'ici!

CHRISTINE, effrayée.
Vous ne voudrez pas, je pense, me retenir par la force?

FALKENSKIELD.
Je veux, malgré vous-même, vous empêcher de vous perdre, et vous ne me quitterez pas...
(Il va fermer la porte du fond. Christine le suit pour le retenir, mais elle jette les yeux sur la croisée et pousse un cri*.)

CHRISTINE.
O ciel! voici le jour, voici l'instant de son supplice; si vous tardez encore, il n'y a plus d'espoir de le sauver; il ne nous restera plus rien... rien que des remords. Mon père! au nom du ciel et par vos genoux que j'embrasse, ma lettre! ma lettre!

FALKENSKIELD.
Laissez-moi... relevez-vous.

CHRISTINE.
Non, je ne me relèverai pas; j'ai promis ses jours à sa mère; et quand elle viendra me demander son fils, que vous aurez tué, et que j'aime... (Mouvement de colère de Falkenskield. Christine se relève vivement.) Non, non, je ne l'aime plus... je l'oublierai... je manquerai à mes sermens... j'épouserai Goëlher... je vous obéirai... (Poussant un cri.) Ah! ce roulement funèbre, ce bruit d'armes qui a retenti... (Courant à la croisée à gauche**.) Des soldats s'avancent et entourent un prisonnier; c'est lui! il marche au supplice! ma lettre! ma lettre! il est peut-être temps encore! ma lettre!

FALKENSKIELD.
J'ai pitié de votre déraison, et voilà ma seule réponse.
(Il déchire la lettre.)

CHRISTINE.
Ah! c'en est trop! votre cruauté me détache de tous les liens qui m'attachaient à vous. Oui, je l'aime; oui, je n'aimerai jamais que lui... S'il meurt, je ne lui survivrai pas, je le suivrai... Sa mère du moins sera vengée, et comme elle vous n'aurez plus d'enfant.

* Falkenskield, en redescendant le théâtre, a pris la gauche.—Falkenskield, Christine.
** Christine, Falkenskield.

FALKENSKIELD.
Christine!
(On entend du bruit en dehors.)

CHRISTINE, avec force.
Mais écoutez... écoutez-moi bien : si ce peuple qui s'indigne et murmure se soulevait encore pour le délivrer; si le ciel, le sort... que sais-je? le hasard peut-être, moins cruel que vous, venait à le soustraire à vos coups, je vous déclare ici qu'aucun pouvoir au monde, pas même le vôtre, ne m'empêchera d'être à lui; j'en fais le serment.
(On entend un roulement de tambour plus fort et des clameurs dans la rue. Christine pousse un cri et tombe sur un fauteuil la tête cachée dans ses mains. Dans ce moment on frappe à la porte du fond. Falkenskield va ouvrir.)

SCÈNE VI.
CHRISTINE, RANTZAU, FALKENSKIELD.

FALKENSKIELD, étonné.
M. de Rantzau chez moi! à une pareille heure!

CHRISTINE, courant à lui en sanglotant.
Ah! monsieur le comte, parlez... est-il donc vrai?... ce malheureux Éric...

FALKENSKIELD.
Silence! ma fille.

CHRISTINE, avec égarement.
Qu'ai-je à ménager maintenant? Oui, monsieur le comte, je l'aimais, je suis cause de sa mort, je m'en punirai.

RANTZAU, souriant.
Un instant! vous n'êtes pas si coupable que vous croyez, car Éric existe encore.

FALKENSKIELD et CHRISTINE.
O ciel!

CHRISTINE.
Et ce bruit que nous avons entendu...

RANTZAU.
Venait des soldats qui l'ont délivré.

FALKENSKIELD, voulant sortir.
C'est impossible! et ma vue seule...

RANTZAU.
Pourrait peut-être augmenter le danger; aussi moi qui ne suis plus rien, qui ne risque rien, j'accourais auprès de vous, mon cher et ancien collègue.

FALKENSKIELD.
Pour quelle raison?

RANTZAU.
Pour vous offrir, ainsi qu'à votre fille, un asile dans mon hôtel.

FALKENSKIELD, stupéfait.
Vous!

CHRISTINE.
Est-il possible!

RANTZAU.
Cela vous étonne! N'en auriez-vous pas fait autant pour moi?

FALKENSKIELD.

Je vous remercie de vos soins généreux, mais je veux savoir avant tout... Ah! c'est M. de Gœlher! eh bien! mon ami, qu'y a-t-il? parlez donc!

SCÈNE VII.
CHRISTINE, RANTZAU, GOELHER, FALKENSKIELD.

GOELHER.

Est-ce que je sais? c'est un désordre, une confusion. J'ai beau demander comme vous : Qu'y a-t-il? comment cela se fait-il? tout le monde m'interroge et personne ne me répond.

FALKENSKIELD.

Mais vous étiez là cependant... vous étiez au palais...

GOELHER.

Certainement, j'y étais; j'ai ouvert le bal avec la reine; et quelque temps après le départ de sa majesté, je dansais le nouveau menuet de la cour avec mademoiselle de Thornston, lorsque tout-à-coup, parmi les groupes occupés à nous admirer, je remarque une distraction qui n'était pas naturelle; on ne nous regardait plus, on causait à voix basse, un murmure sourd et prolongé circulait dans les salons... Qu'y a-t-il donc? Qu'est-ce que c'est? Je le demande à ma danseuse, qui ne sait pas plus que moi, et j'apprends par un valet de pied tout pâle et tout effrayé, que la reine Mathilde vient d'être arrêtée dans sa chambre à coucher par l'ordre du roi.

FALKENSKIELD.

L'ordre du roi!... et Struensée?

GOELHER.

Arrêté aussi, comme il rentrait du bal.

FALKENSKIELD, avec impatience.

Et Koller, morbleu! Koller, qui avait la garde du palais, qui y commandait seul!

GOELHER.

Voilà le plus étonnant et ce qui me fait croire que ce n'est pas vrai. On ajoutait que cette double arrestation avait été exécutée, par qui? par Koller lui-même, porteur d'un ordre du roi.

FALKENSKIELD.

Lui, nous trahir! ce n'est pas possible!

GOELHER, à Rantzau.

C'est ce que j'ai dit, ce n'est pas possible; mais en attendant on le dit, on le répète; la garde du palais crie: Vive le roi! le peuple appelé aux armes par Raton Burkenstaff et ses amis crie encore plus haut; les autres troupes, qui avaient d'abord résisté, font maintenant cause commune avec eux; enfin je n'ai pu rentrer à mon hôtel, devant lequel j'ai aperçu un attroupement; et j'arrive chez vous, non sans danger, encore tout en émoi et en costume de bal.

RANTZAU.

C'est moins dangereux dans ce moment qu'en costume de ministre.

GOELHER.

Je n'ai pas eu le temps depuis hier de commander le mien.

RANTZAU.

Vous pouvez vous épargner ce soin. Que vous disais-je hier? il n'y a pas vingt-quatre heures, et vous n'êtes plus ministre.

GOELHER.

Monsieur!

RANTZAU.

Vous l'aurez été pour danser une contredanse, et après les travaux d'un pareil ministère vous devez avoir besoin de repos; je vous l'offre chez moi, (vivement.) ainsi qu'à tous les vôtres, seul asile où vous soyez maintenant en sûreté, et vous n'avez pas de temps à perdre. Entendez-vous les cris de ces furieux? venez, mademoiselle, venez... suivez-moi tous, et partons.

(Dans ce moment les deux croisées du fond s'ouvrent violemment. Jean et plusieurs matelots du gens du peuple paraissent sur le balcon armés de carabines.)

SCÈNE VIII.

JEAN, en dehors du balcon, à gauche; RANTZAU, CHRISTINE, FALKENSKIELD, GOELHER.

JEAN, les couchant en joue.

Halte-là, messeigneurs, on ne s'en va pas ainsi.

CHRISTINE, poussant un cri et se jetant au-devant de son père, qu'elle entoure de ses bras.

Ah! je suis toujours votre fille! je le suis pour mourir avec vous!

JEAN.

Recommandez votre âme à Dieu!

SCÈNE IX.

JEAN, RANTZAU, ÉRIC, le bras gauche en écharpe, s'élançant par la porte du fond et se mettant devant CHRISTINE, FALKENSKIELD et GOELHER.

ÉRIC, à Jean et à ses compagnons, qui viennent de sauter du balcon dans la chambre.

Arrêtez!... point de meurtre! point de sang répandu!... qu'ils tombent du pouvoir, c'est assez. (Montrant Christine, Falkenskield et Gœlher.) Mais au prix de mes jours je les défendrai, je les protégerai! (Apercevant Rantzau et courant à lui.) Ah! mon sauveur! mon Dieu tutélaire!

FALKENSKIELD, étonné.

Lui! monsieur de Rantzau!

JEAN ET SES COMPAGNONS, s'inclinant.

Monsieur de Rantzau! c'est différent; c'est l'ami du peuple; il est des nôtres.

GOELHER.

Est-il possible!

RANTZAU, à Falkenskield, Gœlher et Christine.

Eh! mon Dieu, oui... ami de tout le monde! demandez plutôt au général Koller et à son digne allié, messire Raton Burkenstaff.

TOUS, criant.

Vive Raton Burkenstaff!

(Rantzau remonte le théâtre, et Éric le traverse pour se placer près de Jean.)

SCÈNE X.

JEAN et ses Compagnons, ÉRIC, MARTHE, entrant la première et s'élançant vers son fils, qu'elle embrasse; RATON, entouré de tout le peuple; RANTZAU, CHRISTINE, FALKENSKIELD, GOEHLER; derrière eux, KOLLER; et au fond, PEUPLE, SOLDATS, MAGISTRATS, GENS DE LA COUR.

MARTHE, embrassant Éric.

Mon fils!... blessé! il est blessé!

ÉRIC.

Non, ma mère, ce n'est rien. (Elle l'embrasse à plusieurs reprises, tandis que le peuple crie :) Vive Raton Burkenstaff!

RATON.

Oui, mes amis, oui, nous avons enfin réussi; grace à moi, je m'en vante, qui, pour le service du roi, ai tout mené, tout dirigé, tout combiné.

TOUS.

Vive Raton!

RATON, à sa femme.

Tu l'entends, ma femme, la faveur m'est revenue.

MARTHE.

Eh! que m'importe, à moi?... je ne demande plus rien; j'ai mon fils.

RATON.

Mais, silence, messieurs! silence!... J'ai là les ordres du roi, des ordres que je viens de recevoir à l'instant; car c'est en moi que notre auguste souverain a une confiance illimitée et absolue.

JEAN, à ses compagnons.

Et le roi a raison. (Montrant son maître qui tire de sa poche l'ordonnance du roi.) Une fameuse tête, sans que cela paraisse! Il savait bien ce qu'il faisait en jetant l'or à pleines mains. (Avec joie.) Car de vingt mille florins, il ne lui reste rien, pas une rixdale.

RATON, tout en décachetant le papier, lui faisant signe de se taire.

Jean!...

JEAN.

Oui, notre maître. (A ses compagnons.) En revanche, si ça avait mal tourné, nous y passions tous, lui, son fils, sa famille et ses garçons de boutique.

RATON.

Jean, taisez-vous!

JEAN.

Oui, notre maître. (Criant.) Vive Burkenstaff!

RATON, avec satisfaction.

C'est bien, mes amis; mais du silence. (Lisant.) « Nous, Christian VII, roi de Danemarck, à nos fidèles sujets et habitants de Copenhague. Après avoir puni la trahison, il « nous reste à récompenser la fidélité dans la « personne du comte Bertrand de Rantzau, « que, sous la régence de notre mère, la reine « Marie-Julie, nous nommons notre premier « ministre...

RANTZAU, d'un air modeste.

Moi! qui ai demandé ma retraite et qui veux me retirer des affaires...

RATON, sévèrement.

Vous ne le pouvez pas, monsieur le comte; le roi l'ordonne, il faut obéir... Laissez-moi achever, de grace! (Continuant à lire.) « Dans la « personne du comte Bertrand de Rantzau, que « nous nommons premier ministre, (avec emphase.) et dans celle de Raton de Burkenstaff, « négociant de Copenhague, que nous nommons « dans notre maison royale, (Baissant la voix.) « premier marchand de soieries de la couronne. »

TOUS.

Vive le roi!

JEAN.

C'est superbe! nous aurons les armes royales sur notre boutique.

RATON, faisant la grimace.

La belle avance!... et au prix que ça me coûte!...

JEAN.

Et moi, la petite place que vous m'aviez promise...?

RATON.

Laisse-moi tranquille!

JEAN, à ses compagnons.

Quelle ingratitude!... moi qui suis cause de tout... aussi il me le paiera!

RANTZAU*.

Puisque le roi l'exige, il faut bien s'y soumettre, messieurs, et se charger d'un fardeau qu'allégera, je l'espère, (aux magistrats.) l'affection de mes concitoyens. (A Éric.) Pour vous, mon jeune officier, qui dans cette occasion avez couru les plus grands risques... on vous doit quelque récompense.

ÉRIC, avec franchise.

Aucune; car, je puis le dire maintenant à vous, à vous seul... (A demi-voix.) Je n'ai jamais conspiré!

RANTZAU, lui imposant silence.

C'est bien! c'est bien! voilà de ces choses qu'on ne dit jamais... après**.

* Pendant ce temps Éric a remonté le théâtre et s'est rapproché de Rantzau. — Jean, Marthe, Raton, Éric, Rantzau, Christine, Falkenskield, Gœlher, Koller derrière eux.

** Marthe, pendant ce temps, a remonté le théâtre et se trouve entre son mari et son fils. — Les acteurs sont dans l'ordre suivant : Jean, Raton, Marthe, Éric, Rantzau, Koller, Christine, Falkenskield, Gœlher.

RATON, à part, tristement.
Fournisseur de la cour!
MARTHE.
Tu dois être content... c'est ce que tu desirais.
RATON.
Je l'étais déjà par le fait, excepté que je fournissais deux reines, et qu'en en renvoyant une je perds la moitié de ma clientèle.
MARTHE.
Et tu as risqué ta fortune, ton existence, celle de ton fils, qui est blessé... dangereusement peut-être... et pourquoi?
RATON, montrant Rantzau et Koller.
Pour que d'autres en profitent.

MARTHE.
Faites donc des conspirations!
RATON, lui tendant la main.
C'est dit... désormais je les regarderai passer, et le diable m'emporte si je m'en mêle!
TOUT LE PEUPLE, entourant Rantzau et s'inclinant devant lui *.
Vive le comte de Rantzau!

* A gauche, Jean et ses compagnons, formant un premier groupe; Raton, Marthe, Eric, formant un second groupe; Rantzau au milieu, Koller près de lui; Christine, Falkenskield, Gœlher, formant un dernier groupe à droite; au fond, le peuple et les soldats.

FIN DE BERTRAND ET RATON.

Paris. — imprimerie de C.-H. LAMBERT. rue Coq-Héron. 5.

ACTE V, SCÈNE X.

ALTON, à part, tristement.
Prémisseur de la mort!

MATHIEU.
Tu dois être content, c'est ce que tu désires.

ALTON.
Je l'étais déjà par le fait, excepté que j'i-
gnorais deux rivages, ce qu'en un mouvant
mur je perds la moitié d'eau défaillie.

MATHIEU.
Et tu as risqué ta fortune, ton existence,
celle d'un fils, qui est blessé, changement
peut-être... et pourquoi?
ALTON, montrant Bernard et Suzanne.
Pour que ces deux en profitent!

MATHIEU.
Chose étonnante des conspirations!
Du reste, laisse la main.
On a dit à Suzanne je l'ai rejoint ; c'est
à l'écart, en m'appuyant je m'endors!
On y a trouvé, incessamment et sublime de
rue but.
Vive la terre! il faut fait!

*Regarde Alton et ses compagnons, ensuite se
tire quelques larmes ; Mathieu lève quand au secrétaire,
Bernard, et Suzanne se retirent. Alton fait à tous le
signe de s'en aller, reste seul ad-longtemps. Après la
le rideau tombe peu à peu.*

FIN DE BERTRAND ET ALTON.

www.ingramcontent.com/pod-product-compliance
Lightning Source LLC
Chambersburg PA
CBHW070657050426
42451CB00008B/396